ɔ

지금의 성장을 이루느라
진정한 삶의 기쁨은 잊고 살아 온
이 시대의 모든 '김 사장 족(族)'에게
감사와 함께 이 책을 바칩니다.

풍경

무엇이 우리를 최고의
자리로 이끄는가

품격

| 정신과 전문의 **이시형** 박사 지음 |

중앙 books
JoongAng Ilbo

자신의 가치를
잊고 지낸 당신에게

지난 봄 이란에 갔습니다. 거기서 팔리는 가전제품의 80퍼센트가 삼성 아니면 LG. 한데 가격이 너무 비싼 겁니다. 왜 이리 비싸냐고 물었더니 점원이 나를 아래위로 훑어보며,

"It's made in Korea."

'메이드 인 코리아, 한국 제품이니까 비싸다!' 순간 난 온몸이 감전된 듯 전율을 느꼈지요. 충격은 여기서 그치지 않았습니다. 저녁엔 낯선 이국의 땅인 이란에서 드라마 〈주몽〉이 방영되는 게 아닙니까. 사람들이 넋을 잃고 봅니다. 시청률 85퍼센트. 채널이

24개나 있는 나라에서!

시리아에서 느꼈던 감동적인 충격도 잊을 수 없습니다. 2010년 시리아에서 팔린 새 차의 72퍼센트가 현대자동차랍니다. 우리와는 국교도 없고, 현지에 현대상사 하나 없는데도 어떻게 산 건지. 놀라울 따름입니다.

일본 나고야에서의 작은 강연에서도 감탄의 연속입니다. 대상이 주로 주부들이어서일까요. 끝난 후 피부에 대한 질문이 많았지요. 자기네는 한국 여성의 피부가 고와서 한국 화장품을 쓴다는 겁니다. "그래요?" 하고 좌중을 둘러보니 3분의 1이 손을 듭니다. 까다롭기로 소문난 일본 소비자, 더구나 여성들이 가장 신중히 고른다는 화장품 아닙니까. 일본뿐만이 아닙니다. 중국에서도 큰 인기. 한국에 온 중국인 관광객들 손엔 꼭 한국 화장품이 들려 있지요.

미국 시장에서도 한국 제품의 위치는 대단합니다. 미국의 자존심 자동차 시장에서 현대차 판매율이 10퍼센트라는 경이적인 기록을 세웠습니다. 그리고 더 놀랍게도 차 한 대 만드는 데 3만 개 이상의 부속품 협력업체가 있다는 사실을 아시는지요.

하나하나가 세계 최고라는 긍지와 자부심으로 넘쳐 있습니다. 전자제품도 마찬가지. 이렇게 보이지 않는 수많은 손에 의해 '메이드 인 코리아'는 월드 베스트(World Best) 자리를 지키고 있죠. 참으로 고맙고 놀라운 일입니다.

강연 때마다 목청을 높입니다. 이제 우린 세계 10대 강국이라고. 하지만 청중은 '무슨 그럴 리가?' 하는 표정이죠. 연사니까 으레 한번 해보는 소리려니 하고 웃어넘깁니다. 한국이 부유한 국가라니? 도대체 아귀가 맞지 않습니다.

문제는 여기에 있습니다. 우리가 세계 정상에 섰다는 사실을 인식하지 못하는 것입니다. 우리에겐 아직 꿈이지 현실일 수 없다는 생각에 젖어 있는 거죠.

그렇습니다. 문제는 우리 자신입니다.

"국산이 뭐 이리 비싸?"

거의 반사적으로 나오는 소립니다. 프랑스 향수라면 아무 소리 않고 수십만 원을 주고도 사는 사람이 왜? 한국산은 시원찮다는 선입견이 우리 잠재의식 깊숙이 각인되어 있기 때문입니다. 딱한 이야기입니다.

이것이 바로 우리가 이 시점에서 품격을 이야기해야 하는 이유입니다. 문제는 우리 스스로가 보는 왜곡된 자화상입니다. 이렇게 대단한 나라에 살고 있지만 우리가 보는 우리는 어떤가요? 정경유착, 비리와 부패가 끊이지 않고, 뭐 하나 제대로 돌아가는 게 없는 느낌입니다.

밤늦도록 죽어라고 일해 봐야 살림이 나아지긴커녕 오히려 자신이 바닥인생이라 느낍니다. 중산층이 사라지고 있습니다. 힘든

6

삶에 지쳐 우울증에 빠지고, 생활을 비관해 삶을 포기하기도 합니다. 누가 봐도 부러워할 만한 성장을 이룬 우린데, 피부로 느끼는 감각은 다릅니다. 거기다 아직도 우리 생각은 옛날 그 열등감, 패배의식에서 벗어나지 못하고 있습니다.

이런 생각을 떨치지 않는 이상 우리는 만년 2등, 국산은 싸구려 시장에서 먼지나 덮어써야 합니다. KOTRA와 산업연구원이 조사한 바에 따르면 국제시장에서 동일한 제품일 경우 한국산은 100, 미국·일본산은 149, 독일산은 155의 가격이 형성된다고 합니다. 억울하지만 이게 국제시장의 현실입니다. 개도 주인이 먼저 귀여워해야 남도 귀하게 여겨 주는 법이죠.

지금보다 품격 있는 인생을 꿈꾸는 당신에게

1988년 서울 올림픽, 2002년 월드컵. 얼마나 대단했나요. 세계가 놀랐습니다. 정말 성공적으로 잘 치러냈습니다. 국민 모두가 우쭐해졌습니다. 자긍심과 함께 한 단계 성숙해지는 계기가 됐습니다. 하지만 그것도 잠시. 우린 지금도 스스로가 후진국이라는 뿌리 깊은 열등의식에서 벗어나지 못하고 있습니다. 부국은커녕 아직도 누가 도와줄 사람은 없는지 은근히 기대합니다. 우리 의식이 이래서야 언제나 2위 국가, 2등 시민에 머무를 수밖에 없습니다. 나라의 품격이 말이 아닙니다.

폐허에서 기적을 만든 나라가 이럴 순 없습니다. 우린 이 시점에서 많은 생각을 하게 됩니다. '무엇이 한국을 정상으로 달리게 했을까? 그 괴력의 원천은 무엇일까? 그리고 경제는 정상인데 왜 삶의 질, 행복지수는 바닥일까? 경제만 좋아지면 모든 게 좋아질 것이라는 기대는 허망한 환상이었단 말인가?'

우리는 그 원인을 다각도로 분석해야 합니다. 잃어버린 자긍심을 일깨워야 합니다. 이젠 '품격'을 갖춰야 합니다.

이 시대에 필요한 품격이란 무엇일까요. 품격은 쉽게 말해 '자기존중감', '자기긍정감'입니다. 그리고 물질주의, 기능주의에 머물렀던 사회를 사람 중심, 과정 중심의 사회로 변화시켜 줄 매개체입니다.

우리는 이제 자신에게 맞는 품격의 옷을 입어야 합니다. 이 책은 우리 사회 보통사람들의 품격 회복법을 제시합니다. 품격을 갖추려면 우선 자신을 다시 자랑스럽게, 그리고 객관적으로 바라봐야 합니다. "어디서든 주눅 들지 않는다. 자신 있다." 이게 품격의 시작이죠. 우린 원래 그랬습니다. 이 책에서 한국인의 우수한 원기질(原氣質)을 통해 우리의 잠재된 위대함을 확인하길 바랍니다.

그리고 품격을 높이기 위해서는 도덕적 성품을 회복해야 합니다. 인간 관계에서 가장 중요한 덕목인 절제, 배려, 정직, 신의 등을 되찾아야 합니다.

마지막으로 지금까지의 성장 속도에서 벗어나야 합니다. 당신에겐 지금 적절한 휴식이 필요합니다. 조금만 눈을 돌려보세요.

잠시 하늘도 쳐다보고 가까운 공원을 거닐어 보십시오. 당신의 조급하고 짜증스러운 일상이 달라질 겁니다.

이 책은 특히 사회정신의학을 공부하는 입장에서 큰 화두를 던지려고 합니다. 이 책의 출간을 계기로 현황 분석에서 해결책에 이르기까지 각계 전문가의 활발한 토론이 이루어지길 기대합니다.

이 책은 여느 논문처럼 철저한 고증을 거친 전문 사회분석 보고서는 아닙니다. 품격 향상으로 개인이 더 행복하길 바라는 마음을 담아 쉽게 풀어 쓴 것입니다. 모든 현상이나 역사적 사실에는 명암이 있기 마련인데 아쉽게도 모든 게 밝은 쪽으로만 귀결된 느낌이 없지 않습니다. 이 점 독자 여러분의 균형 있는 감각으로 이해해 주시기 바랍니다.

품격은 사회를 살아가는 어느 누구에게나 필요합니다. 소위 '있는 자'에게도, 묵묵히 자신의 사업을 꾸려 나가는 중소 상공인에게도, 학생에게도. 품격은 지속가능한 개인 경영의 노하우이기 때문입니다. 물질적 성공을, 정신적 풍요를, 잘사는 행복을 지속하는 방법을 바로 이 책을 통해 얻기 바랍니다.

2011년 아직도 뜨거운 여름의 중심에서

이시형

| 목차 |

1장
부유한 나라의
가난한 당신

Part I

　　보라. 당신이 얼마나 대단한 일을 했는지를. 우린 세계 정상에 섰다. 죽어라고 앞만 보고 달렸다. 그러던 어느 순간엔가 남들보다 높은 정상에 서 있는 우리 자신을 발견하곤 짐짓 놀란다. 이게 어디 보통 일인가. 남의 집 불구경하듯 보진 마라. 이 모든 게 바로 당신과 나, 우리가 함께 이뤄낸 위대한 승리인 것을.

　　그런데도 왜 우린 아직 불행할까? 왜 우리 사는 형편은 날로 각박해지고만 있는가? 작은 일에도 짜증이 나고 쉽게 흥분하는 우

14

리. 도대체 여유라곤 없다. 무엇에 이렇게 화가 나 있고, 왜 이렇게
자신감이 없을까? 우리가 이 시점에서 왜 품격을 논해야 하는지
이유는 분명하다. 정상에 서서 또 다른 고지를 꿈꾸는 우리가 갖
춰야 할 것, 바로 품격이다.

지금껏
이뤄낸 것에 감탄하라

세계 지도를 펼쳐 놓고 보면 한국은 잘 보이지도 않는 작은 나라다. 그나마 우리니까 찾아내지 다른 나라 사람들은 잘 찾지도 못하는 대륙 끝자락의 작은 나라다. 내가 미국 유학을 떠났던 1960년대만 해도 '코리아'라는 나라가 지구에 존재한다는 사실조차 모르는 외국인들이 대다수였다.

내가 공부하던 예일대에는 80여 개국의 유학생이 있었다. 학생 대부분이 나를 일본인쯤으로 생각했다. 나도 내가 먼저 나서서 한국인임을 밝히지는 않았다. 너무 작고 가난한 나라, 지도에서

16

조차 찾기 어려운 나라를 어떻게 설명해야 할지 어려웠기 때문이다. 어느 나라에서 왔느냐고 물으면 그제야 한국에서 왔노라고 겨우 대답했다. 그러면 하나같이 의아한 얼굴로 되묻는다.

"Where is Korea? (한국이 어디에 있는 나라입니까?)"

1988년 서울 올림픽. 그전까지 세계인의 뇌리에는 아예 한국이란 나라가 없었다. 그런 나라가 어느 날 혜성처럼 나타난 것이다. '아시아의 네 마리 용(아시아에서 일본에 이어 근대화에 성공하고, 2차 세계대전 이후 경제가 급속도로 성장한 동아시아의 네 국가. 한국, 싱가포르, 대만, 홍콩을 말함)'이라는 말도 그즈음 나온 말이다. 우린 완벽한 준비로 올림픽을 훌륭히 잘 치러냈다. 대단한 감동이었다. 세계인이 깜짝 놀랐고 한국의 위상도 껑충 뛰었다. 그날 이후 한국을 모르는 사람보다 아는 사람이 더 많아졌다. 올림픽을 치른 후 외국인들은 이렇게 묻는다.

"Who is Korean? (한국인은 어떤 사람들입니까?)"

그리고 감격의 2002년 월드컵. 붉은 악마의 열정적 응원, 그 광적인 환호 속에서도 기막힌 질서의 현장. 전 세계인의 이목을 집중시킨 감동의 드라마였다. 광장마다 수십만 명의 거리 응원이 펼쳐졌지만 그들이 떠난 자리엔 휴지 한 장 떨어진 게 없었다. 우리의 질서 의식에 세계인이 깜짝 놀랐다. 외국에서라면 흥분한 관중으로 광장이 성하질 않았을 것이다.

"What is Korean? (한국인은 대체 뭡니까?)"

지금 세계는 반세기 만에 놀라운 기적을 일궈낸 우리에 대해 궁

금해한다. 우리를 보고 배우러 오고 있다. 도대체 어떤 민족이기
에 이런 기적을 만든 것일까?

수많은 세계인이 서울로, 서울로 모여들고 있다. '코리아 러시'
다. 국내 체류 외국인 130만 시대. 개발도상국들은 한국을 모
델 삼아 그 압축 성장의 비결을 배우러 온다. 한국을 찾는 것은
선진국도 마찬가지다. 탈산업사회에 접어든 구미 선진국은 인력
과 구조 면에서 노쇠현상이 두드러지고 있다. 반면에 한국은 활력
이 넘치고, 나날이 발전하고 있지 않은가. 그들은 한국의 역동성
에 놀라 확인하고 싶어 찾아온다.

또한 한국의 실력을 인정해 외국의 공장과 연구개발(R&D)센터
가 들어서고 있다. 2011년 6월 세계 최고 소재기업인 일본 도레이
가 경북 구미에 1조3천억 원을 들여 세계 최대의 생산거점을 건설
하겠노라고 발표했다. 미국의 화학·바이오회사 듀폰도 해외 지
사 를 둔 국가 중에서는 처음으로 경기도 분당에 신기술개발 중
심지인 '이노베이션 센터'를 설립했다. 무엇이 한국을 움직이게 하
는 것인가. 도레이는 사람이 탐났다 하고, 듀폰은 스피드에 반했
다는 것이다.

얼마 전 프랑스 국영방송 프랑스2 채널에서는 한국을 조명하는
다큐멘터리가 사흘 동안 방송되었다. 제목은 '감춰져 온 저력(La
Puissance Cachee)'. 프로그램 핵심은 한국은 '불가사의하다'는 것이다.
마이크를 들고 한국 곳곳을 누빈 진행자 에티엔 린하르트는 "독

특한 나라"라는 말을 여러 번 했다. 300년에 걸쳐 어렵게 산업화에 성공한 서구 사회. 그 합리적인 눈으로는 오늘의 한국을 설명할 방법이 없다. 그는 한국의 비약적 성장을 통계 수치가 담긴 그래픽까지 보여 주며, 교육열과 애국심을 한국 발전의 원동력으로 소개했다.

린하르트가 만난 한국에서 일하는 프랑스인들은 한결같이 한국의 역동성을 칭찬했다. 그들의 눈에 한국은 성취동기로 가득 찬 사람들이 뭔가를 이루기 위해 끊임없이 살아 움직이고 갈구하는 나라다.

안에서 우리가 보는 한국은 늘 어수선하고 갈등이 끊이지 않는 곳이지만 밖에서 보는 한국은 혈기왕성한 도전의 장이다. 황혼기에 접어든 노인처럼 활기 잃은 모습을 드러내는 서구인의 눈으로 볼 때 한국은 정녕 부러움의 대상이다. 유럽뿐만이 아니다. 전 세계가 우리를 주목하고 있다. 이젠 더 이상 한국은 중국과 일본 사이에 낀 작은 나라가 아니다. 세계적인 PR컨설팅 전문가인 필립 라스킨은 오랫동안 한국에 살면서 느낀 한국의 정신에 대해 이렇게 설명했다.

"새벽 3시에도 여전히 생동감 넘치는 길거리, 불가능에 가까운 일인데도 최선을 다해 이뤄내려고 밤낮없이 열성적으로 일하는 사람들…. 한국인은 거대한 꿈을 꾸고 이런 큰 꿈에 생명력을 불어넣을 줄 안다."

우리가 생각하는 한국과 세계가 바라보는 한국은 이렇게 다르다. 우리는 이 기적과도 같은 경제성장과 변화를 그저 그러려니, 당연하게 받아들이지만 세계인들은 놀라움과 부러움으로 한국을 바라보고 있다.

▋이제는 부유한 나라, 한국

드디어 우린 세계 정상에 섰다. 말이 쉬워 선진국이지 거긴 우리와 너무 멀어 결코 닿을 수 없는 꿈의 나라였다. 까마득히 높은 정상. 히말라야처럼 높아 보였다. 우리가 감히 저기를?

그래도 우린 묵묵히 걸었다. 정상을 향해, 바람 부는 언덕에서 뒹굴기도 하고 눈사태에 묻혀 허덕이기도 했다. 한 치 앞도 안 보이는 눈보라 속에서도 우린 결코 멈추지 않았다. 드디어 정상에 올랐고, 결국 우리는 해냈다.

1907년 헤이그에서 열린 국제회의인 만국평화회의 명단에도 없는 가난하고 힘없는 나라가, 1백여 년 뒤 세계 정상들이 모이는 주요 20개국(G20) 정상회의 주최국으로 당당히 섰다. 우리나라의 G20 정상회의 개최는 G7 국가를 제외한 첫 개최며, 아시아 국가 중 최초다. 이제 우리도 부국(富國)이고 강국(強國)이다.

부유한 나라 한국. 정말 그런가? 아직도 우리 귀엔 생소하다. 믿기지 않는다. 우리가 부유한 나라라니! 하지만 보라. 여기, 세계에서 평가한 우리나라의 성적표다.

▌경제협력개발기구(OECD), 국제통화기금(IMF) 등 국제기구들에 비친 2010년 한국은 단연 '맷집 있는' 나라다. 세계은행이 집계한 한국의 GDP 순위는 15위, OECD가 올해 발표한 2008년 GDP 성장률은 30개 회원국 중 5위다. 유엔이 매년 발간하는 인간개발보고서(HDR) 2010년판 예비 보고서에선 한국은 유엔 회원국 중 1970년부터 지금까지 1인당 GDP가 네 번째로 많이 오른 나라다.

▌골드만 삭스(Goldman Sachs)가 2005년에 펴낸 '세계경제보고서'는 한국은 2025년이 되면 1인당 국민소득이 5만 달러가 넘어 세계 3위, 2050년에는 8만1462달러로 미국에 이어 세계 2위로 올라설 것으로 전망했다.

믿어지는가? 세계적으로 권위를 인정받는 기관들의 보고인데 우리는 믿기지 않는다. 실감이 안 난다. 우리가 정말?

당신은 아는가? 1970년대만 해도 한국의 1인당 국내총생산은 81달러, 국민총소득은 255달러에 불과했다. 그러던 것이 불과

40년 사이 무려 1백 배 이상의 성장을 일궈낸 것이다.

지난 40년간 한국의 경제성장 추세(통계청, 2010)

국내총생산(GDP)　　　　　1인당 국민총소득(GNI)

　이런 거시적 통계만이 아니다. 하나하나 자세히 들여다보면 경제 분야별 세계 최고는 열거하기조차 어렵다. 반도체 생산율 1위, 조선 산업 1위, 컴퓨터 보급률 1위, 초고속 인터넷 사용률 1위, 제철 조강 생산량 1위, 휴대전화 보급 성장률 1위. 끝이 없다. 50년 전엔 선박 한 척, 자동차 한 대 생산하지 못하던 나라가 세계 조선 산업 1위, 세계 자동차 생산량 5위의 경제 대국이 된 것이다. 이러한 대기업의 거시적 성과 뒤에는 수많은 협력 업체들의 세계 최고라는 자부심이 있기에 가능한 것이다. 그리고 실제로 메이드 인 코리아가 세계 제일이라는 게 외국 기업들의 놀라운 평이다.

변화에 변화를 거듭하며
지금껏 달렸다

얼마 전 영등포에 갔다. 무심코 창밖을 보던 나는 눈이 휘둥그
레졌다. 빽빽하게 들어선 고층 빌딩들, 화려한 간판. '정말 여기가
영등포 맞나?' 십여 년 전만 해도 영등포역 주변엔 제대로 된 빌딩
하나 없었다. 그런데 이젠 빌딩 숲이다. 이곳이 뉴욕인가 착각이
들 정도다. 정작 뉴욕은 내가 50년 전에 갔을 때나, 지금이나 달
라진 게 별로 없다. 할렘가가 한결 밝아진 정도.

한국은 최빈국 중 하나였고, 세계 어느 나라보다 가난했다.
1960년대 한국 경제는 아프리카의 가나와 비슷한 수준이었다.

새뮤얼 헌팅턴은 자신의 저서 『문화가 중요하다』에서 다음과 같이 쓰고 있다.

> 1990년대 초 나는 가나와 한국의 1960년대 초반 경제자료들을 검토하게 되었는데, 당시 두 나라의 경제상황이 아주 비슷하다는 사실을 발견하고서 깜짝 놀랐다. 무엇보다 양국의 1인당 GNP 수준이 비슷했으며 1차 제품(농산품), 2차 제품(공산품), 서비스산업의 경제 점유 분포도 비슷했다. 특히 농산품의 경제점유율이 아주 유사했다. 당시 한국은 제대로 만들어내는 2차 제품이 별로 없었다. 게다가 양국은 상당한 경제 원조를 받고 있었다.

현재 가나의 1인당 GNP는 676달러. 한국은 2만 달러로 가나보다 무려 30배가 높다. 헌팅턴은 이어서 어떻게 이렇게 놀라운 차이가 생겨났을까를 '문화'라는 한마디로 결론 내렸다. 한국은 부지런하고 더 나은 미래를 향해 꾸준히 나아가려는 강력한 의지가 있다. 교육 면에서 세계 제일이다. 하지만 가나에는 이런 문화가 없다는 것이다. 반세기 전 가난했던 한국의 처참한 모습을 고스란히 기억하고 있는 필자로서는 우리의 기적 같은 변화를 생각하면 지금도 가슴이 뛰고, 설렌다.

1961년 박정희 대통령이 정권을 장악했을 당시 상황도 딱하긴 마찬가지. 전쟁이 휩쓸고 간 폐허, 한국은 경제 수치에서 바닥이었다.

"잘살아 보세! 우리도 한번 잘살아 보세!"

역대 어느 정권의 어떤 구호도 이만큼 강렬한 호소력은 없었다. 굶주린 국민에게 이보다 더 절실한 일은 없다. 세계를 놀라게 한 우리 경제의 오늘이 있기까지엔 가난의 설움이 절절이 맺혀 있었기에 가능했다. 이게 온 국민이 하나가 되어 경제 살리기에 총력 매진할 수밖에 없었던 동력이 된 것이다.

▐ 누군가에겐 성공 모델이 되다

어디 경제 분야만인가. 교육 분야도 그렇다. 미국의 버락 오바마 대통령이 한국 교육을 본받아야 한다고 몇 차례나 언급했다. 이건 결코 외교적 찬사에 그치지 않는다. 최근 안 던컨(Arne Duncan) 미국 교육부 장관도 "한국은 세계에서 가장 교육수준이 높은 노동력을 배출하고 가장 빠른 경제성장을 한 국가 가운데 한 곳"이라며 본받아야 할 으뜸 사례로 극찬했다.

말도 많고 탈도 많은 한국 교육이지만, 한국의 높은 교육 수준은 세계가 인정하고 있다. 미국 전역의 고등학교에서 한국 학생들의 성적은 단연 압권이다. 요즘은 미국 엄마들도 한국의 가정교육을 공부하러 찾아온다는 보도다. 주간지 뉴스위크(Newsweek)의

2010년 특집 기획조사에 따르면 한국은 교육 부문에서 핀란드에 이어 세계 2위에 올라 있다. 뉴스위크는 "한국이 세계에서 가장 부유한 나라 중 하나가 되는 과정에서 교육 투자가 큰 몫을 했다."고 분석했다.

실제로 한국의 '두뇌'만큼은 그 어떤 나라에 뒤지지 않는다. 매년 각국의 지능지수(IQ)를 취합해 공개하는 영국 심리학자 리처드 린(Richard Lynn) 박사의 발표에 따르면 한국인의 평균 IQ는 106이다. IQ 테스트를 실시하는 184개 나라 중 싱가포르(평균 IQ 108)에 이은 2위다. 한국의 2010년 토플(iBT) 평균 점수는 85점으로 아시아 35개국 중 8위를 기록했다. 한국 학생들의 읽기·수학·과학 성적은 OECD 국가 중 각각 1위·2위·7위다. 유엔이 발표한 인간개발지수(HDI, Human Development Index)에서도 한국의 '교육지수'는 최상위권인 7위에 올랐다.

경제, 교육, 그리고 문화에서도 한류 열풍이 아시아를 넘어 이제 세계 속으로 뻗어 나가고 있다. 일본에서는 한국 연예인과 그 소식만을 전문으로 다루는 잡지와 방송이 등장할 정도로 인기가 대단하다. 일본 최고의 인기 한류스타 배용준의 소식은 NHK에서 생중계될 정도다. 세계적인 영화제, 음악 콩쿠르에서도 우리 한국 배우와 음악인이 온갖 상들을 휩쓸어 온다. 정말 자랑스러운 한국인이다.

한국은 더 이상 작은 나라가 아니다. 현재 한국의 국력은 수치상으로 볼 때 세계 10위권으로 껑충 뛰어올랐다. G20이 아니라 G10의 반열이다. 다시 한번 말하지만 한국은 이제 세계 한복판에 강자로, 리더로 우뚝 서 있다.

경제 우등생,
행복 열등생

한국인은 항상 바쁘다. 한국인의 생활에는 바쁘다는 게 항상 전제되어 있다. 오랜만에 친구를 만나 하는 인사도 "바쁘지?", 결혼식 손님들에게도 "바쁘신 와중에 와주셔서….".라고 한다. 바쁘다 보니 늘 '빨리빨리'를 입에 달고 산다. 편지를 부쳐도 빠른 우편이 인기다. 초고속 인터넷망 구축도 세계 1위 수준이다. 인터넷 쇼핑몰에서는 아침에 주문하면 오후에 배달해 준다. 퀵 서비스가 전국을 누비는 곳은 세계에서 한국밖에 없다.

한국인의 급한 성질은 세계적으로도 유명하다. 외국 인터넷 포털 사이트에서 검색하면 'ppalli ppalli (빨리빨리)'라는 새로운 국제어에 대한 설명이 나온다. 심지어 영국 『옥스퍼드 사전』에도 올라 있다. 한국인에게 유독 위장병이 많은 것도 너무 빨리 먹는 식습관 때문이다.

좀 딱한 생각이 들긴 하지만, 우리가 '빨리빨리'를 외치는 데는 그만한 이유가 있다. 남보다 늦게 뛰어든 산업화, 돈도 경험도 없으니 국제시장에서 경쟁력을 가지려면 속도밖에 없다. 남보다 빨리 배우고, 남보다 빨리 만들어 팔아야만 따라잡을 수 있다.

신기하게도 우린 빨리 하지만 정확하다. 우리 머리는 민첩하게 돌아가고 기민하게 움직인다. 손놀림도 빠르고 정확하다. 순간적인 판단, 임기응변, 유연성에서 한국인은 단연 압권이다. 세계 누구도 우리만큼 머리가, 손이 빠른 사람은 없다. 이러한 열정적이고 공격적인 '빨리빨리' 덕분에 한강의 기적을 이뤄낼 수 있었다면 지나친 표현일까?

그런 판에 언제 우리가 만족이니 삶의 질이니 따질 여유가 있었던가. 행복을 느낄 시간도 없었다. 문제는 삶의 질. 각종 조사에서는 한국인의 삶의 질이 세계 하위권이다. 경제 성적표는 우등생인데, 행복 성적표는 열등생이라는 것.

▎ 영국 경제주간지 이코노미스트는 "경제적 풍요가 삶의 질을 반드시 보장하지는 않는다"는 예로 한국을 들었다. 한국인은 세계

에서 가장 많이 일하는 국민 중 하나다. 스위스의 국제경영개발원(IMD)에 따르면 한국인은 연간 2305시간을 일한다. OECD 국가 중 압도적 1위다. 미 경제전문지 포브스가 "일하느라 지칠 때면 한국인을 생각하며 위안을 얻어라"고 보도할 정도다.

OECD 국가 중 자살률 세계 최고. 매일 42명이 성공적인 자살을 한다. 1990년부터 오르기 시작한 자살률은 매년 증가만 할 뿐 감소하지 않는다. 누구도 그 이유를 설명하지 못하고 있다.

굳이 수치로 설명하지 않아도 느낄 수 있다. 경제적으로 잘살게 되면 당연히 행복해질 줄 알았는데, 이게 뭔가. 우리 삶의 질은 세계 하위권이고, 스트레스 지수는 세계에서 가장 높다. 휴가도 반납, 밤낮없이 일한 덕에 승진도 하고 연봉도 올라, 차도 사고 집도 샀다. 그런데도 도대체 편안하지도 행복하지도 않다니!

'세계인 가치관 조사'의 최근 자료에도 한국인의 행복지수는 평균 63.22점으로 97개국 중 58위다. 우리 '행복 성적표'는 GDP가 우리의 절반에도 못 미치는 나라와 비슷하다. OECD 32개국 평균은 71.25. 우리보다 훨씬 높다. '행복 심리학'의 대가 에드 디너 일리노이대 교수의 한국인 행복도 분석결과 역시 비슷하다.

▮ 최근 130개국에서 모은 갤럽 자료를 분석한 결과, 높은 경제 수준에도 한국인의 삶의 만족도는 130개국 중 중위권이고, 기쁨과

같은 긍정적 정서를 느끼는 정도는 하위권에 머물러 있다.

취업포털 사이트 잡코리아가 직장인을 대상으로 한 행복만족도 조사결과에서도 자신이 행복하다고 생각하는 직장인은 10명 중 2명밖에 되지 않는다. 한국의 GDP는 1970년 2조8천억 원에서 370배 늘었지만 국민생활만족도는 여전히 50~100위권을 맴돈다. 우리 사회가 가장 행복하고 만족감을 느꼈던 때는 88 서울올림픽 전후라는 게 한양대 문화인류학과 이희수 교수의 진단이다.

하지만 그때가 정점. 이후로도 경제는 꾸준히 상승했지만 우리의 행복지수나 생활만족도는 지금까지 거의 평행선을 그리고 있다. GNP로만 따진다면 그때와 지금은 비교도 안 되는 격차를 보이고 있는데도 말이다.

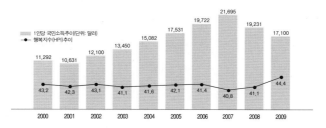

우리나라 1인당 국민소득 추이와 행복지수 (한국보건사회연구원, 2009)

- **70%** 현 생활에 불만
- **25위** 국가행복지수. OECD 30개국 중

앞의 그래프를 보면 깜짝 놀란다. 뭔가 잘못 되어가고 있는 느낌이다.

무엇을 위한 경제발전이며 누구를 위한 성장인가? 경제의 궁극적 목적이 인간의 행복인 줄 알았는데. '경제=행복'이 아니라는 결론이 아닌가? '경제만 나아지면….' 이를 악물고 뛰었는데 경제가 나아져도 행복하지 않다니. 이거 큰일 아닌가? 지금까지 허상을, 환영을, 쫓아온 것인가? 무엇이 잘못되었을까?

이 시점에서 참으로 냉정히 지금까지의 우리를 돌아봐야 한다. 어떻게 살아 왔는지, 무엇을 위해 달려온 삶인지 돌아봐야 한다. 경제 발전이라는 이름 아래, 사회적 성취 열정이 삶에의 다른 가치를 희생시킨 건 아닌지 생각해 봐야 한다.

외적 경제 성장이 모든 걸 해결해 줄 것이라는 기대가 환상이었다는 걸 알게 된 이상, 이제 우리가 다듬어야 할 것은 내적 성장이요, 정신적 성숙이다. 그게 품격이다. 품격은 잊고 지낸 진정한 행복의 의미를 되찾아줄 것이다.

우리가 왜 지금 품격을 화두로 삼아야 하는지 이해됐으면 좋겠다. 아직도 더 높이 더 빨리 고지를 향해 올라야 한다는 성장지상론자에겐 자칫 한가한 논쟁으로 보일 수도 있을 것이다. 하지만 품격이야말로 내적 성장은 물론이고 끝내는 외적 성장을 이끌어낸다는 결론에 다다르게 될 것이다.

▋ 열심히 달려온 결과에 만족하는가

GNH(국민총행복, Gross National Happiness). 1998년 지그메 싱기에 왕추크(Jigme Singye Wangchuck) 부탄 국왕이 도입한 부탄의 국정 운영 철학이기도 하다. 한 나라의 부를 측정하기 위한 지표로 전 세계가 사용하고 있는 GNP나 GDP의 P(생산, product) 대신 H(행복, happiness)를 넣은 것이다. 당시 왕추크 국왕은 20대의 젊은 나이로, 국왕이 된 지 얼마 되지 않은 아마추어였다. 그런 그가 각국의 수뇌들을 초대한 자리에서 처음 이 말을 사용하였다.

"GNP보다 GNH가 중요합니다."

젊은 왕답지 않은 노숙함과 품격이 엿보인다. 왕추크 국왕은 물질 생산량이 아니라 국민의 행복을 높이는 걸 국정 목표로 삼았다. 왕추크 국왕의 국정은 성공적이었다. 세계 행복지수에서 부탄은 선진국들을 제치고 항상 상위권에 오른다. 행복지수로는 분명 선진국이다. 정말 놀랍다. 따져 보자. 무엇을 위한 경제냐? 경제가 국민의 행복을 위한 것이라면 이건 너무도 당연한 일 아닌가.

1인당 GDP가 1천2백 달러 정도인 가난한 나라 부탄이 우리보다 행복지수가 높다고 하면 한국 사람들은 놀랄 것이다.

분명한 사실은 우리는 경제적으로 잘살게 되었지만 그에 걸맞은 행복은 누리지 못하고 있다는 점이다. 이 문제에 대해 미국 미시간대 로날드 잉글하트 교수는 '경제성장 효용 체감의 법칙'을 제시한다. 소득이 일정 수준에 도달하면 그 이상 소득이 높아져도 행복지수는 변화가 없다는 이론이다. 피부로 체감할 수 없다는 것이다.

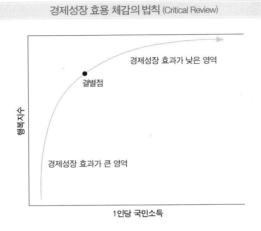

경제성장 효용 체감의 법칙 (Critical Review)

이 그래프를 보면 1인당 국민소득이 높아짐에 따라 처음에는 행복 지수도 동반 상승하지만, 소득 수준이 어느 정도를 넘어서면 더 이상 행복지수는 높아지지 않는다. 그 분기점은 대체로 1만 달러에서 1만5천 달러 수준이라는 게 문화인류학계의 공통적인 견해다. 여길 기준으로 이보다 낮은 수준에서는 소득향상에 따라 행복지수가 증가하지만, 이 기준점을 지나면서부터 행복지수는 별로 높아지지 않는다. 소득이 더 높아진다고 더 이상 행복해지지 않는다는 이야기다.

우리는 이미 몇 년 전에 1만5천 달러를 넘어섰다. 돌이켜보면 산업화 초기에는 참 좋았다. 소득이 높아지면서 굶주림을 면하고, 살림살이도 나아지고, 아이들 교육까지. 만족감이 절로 높아져 갔다.

1980년대 '국민 총 중산층'이라고 흥분했던 한국의 상황이 그즈음이다. 그땐 입도선매(立稻先賣). 대학 졸업도 전에 이미 취직자리가 마련되었다. 뻗어나가는 회사 확장에 신입사원이 절대 부족이었다. 요즈음 취업난을 생각하면 꿈같은 시대다. 당시 대학은 허울뿐이지 공부도 별로 안 했다. 민주화 투쟁에 걸핏하면 휴교령, 공부할 시간도 없었다. 어물거리다 보면 대학을 졸업하고 취업했다.

그러나 경제가 성장할수록 스트레스에 시달리고 게다가 사람들은 '당연 심리'에 빠져들기 시작한다. 있는 건 당연하고, 없으면 즉각 불만이다. 만성적 결핍감이 쌓여 간다. 물질적으로는 풍요로워졌지만, 늘 시간에 쫓기고 풍요를 즐길 여유조차 없어졌다.

사정이 이러하다면 '이만하면 됐다'는 소리도 나옴 직하지 않은가. 삶의 질을 생각할 때 경제성장은 이만하면 됐다 싶은 생각이 들기도 한다. 이제 먹고살 만해졌다. 이제는 마구 달리기만 할 게 아니라 천천히 숨 고르기를 할 때다.

오해 마라. GNP가 올라가는 걸 반대하는 건 물론 아니다. 다만 지금까지의 방법처럼 막무가내로 억지스러운 방법으로는 안 되겠다는 것이다. 이젠 차분히 생각하고 뛰자는 것이다. 합리적으로 순리에 따라 하자는 것이다.

다시 말하지만, 이젠 품격 시대다. 지금까지의 세월을 돌이켜 보면 우린 너무 허둥댔다. '지름길이 없을까?' 마음이 급하면 어느 하나 정도를 밟는 게 없다. 급하면 새치기도 서슴지 않는다. 체면도 품위도 차릴 계제가 아니다. 기본과 원칙은 무너지고 편법을 먼저 찾는다. 합리적인 토론이나 설득보다 주먹이 앞선다. 국가 브랜드가 아직 중위권. 세계적 권위의 퓨처브랜드가 최근 내놓은 국가브랜드지수(CBI)를 보면 2010년 한국 순위는 한 해 전보다 다섯 단계 떨어진 44위를 기록했다. 문화적 성숙도에서도 선진국과의 격차가 아득하다.

이젠 좀 차분해야겠다. 뛰고 생각하지 말고, 신중히 생각하고 뛰자. 급히 서둘다 보면 실수도 있게 마련. 급할수록 둘러가라는 선현의 말씀을 다시 한번 되새기자. 그럴수록 여유를 갖고 찬찬히 차분하게 가자. 호흡을 가라앉히고 크게 멀리 보고 가자. 그게 품격을 지키는 길이다. 그리고 그게 끝내는 이기는 길이다.

'Slow but steady.'

천천히 그러나 꾸준히. 우리에게 필요한 가치관이다. 지름길, 편법이 아니고 좀 느려도 둘러가는 정공법을 택해야 한다. 빨리 가다 보면 무언가를 놓치기 마련이다.

성수대교, 삼풍백화점, 행주대교의 연쇄 붕괴 사건을 기억하는가? 이런 원시적인 사고가 이제 다신 일어나선 안 된다. 당시 샘 많은 이웃나라에선 연쇄 붕괴 사건을 1년 넘게 열심히 텔레비전에서 방영했다. 어떻게 보면 우리의 위상이 달라졌다는 방증이다. 이웃나라만이 아니라 온 세계 이목이 집중되고 있다.

기억하라. 선진국을 위시한 세계 모든 나라는 우리 라이벌이다. 더 나아가 선진국을 넘어 세계를 이끌어가야 할 리더란 사실을 이젠 한시도 잊어선 안 된다.

마음이 가난한 사람은
삶도 가난하다

행복은커녕 우리는 점점 불안의 늪으로 빠져들고 있는 느낌이다. 노후 불안만이 아니다. 당장 길을 나서기도 무섭다. 요즘 우리 한국 사회는 너무 거칠다. 시위를 해도 과격하고 작은 일에도 핏대를 세운다. 곧 무슨 난리라도 날 것 같은 불안감이 감돈다. 이건 역동적인 열정과는 다르다. 격정도 지나 공격적이고 파괴적이다.

도대체 우리는 왜 이리 과격하고 거칠까. 기마유목민족의 야성적 기질도 한몫하고 있다. 절제의 슬기가 부족한 것도 사실이다.

그리고 간과해선 안 될 일이 있다. 자부심 결여다. 뿌리 깊은 열등감, 패배감으로 우리는 은연중 스스로 낮추는 경향이 있다. 엽전이니, 핫바지니 하고 자신을 비하하는 습성은 지금도 강하게 남아 있다.

"한국 사람은 안 돼."

"엽전들 하는 일이 그렇지 뭐."

입버릇처럼 이 말을 내뱉는 사람들을 우리 주변에서 지금도 흔히 본다. 자아존중감 결핍증이다.

점점 심각해지고 있는 '묻지마 범죄'도 자아존중감 부족에서 일어난다. 스스로 믿지 못하고, 그렇다고 사회가 나를 도와주는 것도 아니다. 극심한 경쟁 사회, 조금만 뒤처지면 패배자가 되는 세상이다. 그 불안감과 스트레스가 범죄라는 극단적 방법으로 표출되는 것이다. 이판사판, 자포자기적 심리도 작용한다.

범죄뿐 아니다. 조금만 돌아봐도 '세상이 이래도 되겠나' 싶을 정도로 한국 사회는 거칠다. 집회와 시위로 온 나라가 시끄럽고, 텔레비전에선 연일 폭력적이고 선정적인 방송을 내보낸다. 세계 10위권의 선진국이 이래도 되나 싶다.

나라의 품격이 말이 아니다. 물론 이런 배경에는 식민지, 전쟁, 사상대립, 군사 독재, 왜곡된 근대화 과정 등 암울한 역사도 큰 몫을 하고 있다.

2008년 5월, 대한민국 건국 60주년을 기념하는 한국사회학회

특별 심포지엄이 열렸다. 이 자리에서 학자들은 한국이 짧은 기간 안에 정치적·경제적으로 선진국 반열에 올랐다는 데 입을 모았다. 서울대 이재열 교수는 "1인당 국민소득 1백 달러짜리 신생 대한민국이 2만 달러 선진국의 문턱까지 오는 데 걸린 시간은 단 50년, 앞선 나라들은 수백 년씩 걸린 먼 길이었다."고 평가했다. 그러나 한편 이런 충고도 잊지 않았다.

> "한 개인을 평가할 때 재산이나 권력 외에 인품이 중요하듯이, 한 국가에도 경제성장이나 민주화만으로는 포착하기 어려운 품격이 있다. … 우리는 투명성, 신뢰, 규칙준수, 복지재정, 산업재해 등 사회적 수준의 질이 아직 선진국에 뒤져 있다. … 건국 60년을 넘어 새로운 60년을 준비하는 시점에서 대한민국의 목표는 선진국 진입이다. 선진화의 핵심은 '성숙한 사회'를 만드는 것이고 성숙사회는 '사회의 질'이 높은 사회다."

품격, 성숙한 사회. 참으로 중요한 화두다. 이 시점에 모두가 함께 진지하게 생각해 봐야 할 사안이다.

2 장

이젠 품격을
갖춰야 할 때

Part 2

우리는 아직도 '세계 최고,
경제 강국, 부유한 나라…' 이런 말들이 낯설다. 내 얘기 같지
않다. 숨 쉴 여유도 없이 그냥 앞만 보고 더 높이 올라가려니 내
가 어디쯤 올라왔는지 가늠조차 안 된다. 하지만 이제 우리가 서
있는 곳을 돌아보라. 정상이다. 그 높이만큼의 격이 있어야 한다.
성장한 만큼의 격을 갖추지 못했기에 삐걱거리고 있는 것이다.
　품격이란 무엇인가. 우리가 흔히 아는 품격이란 '고품격 서비
스', '고품격 자동차'가 고작이다. 그것만은 아니다. 품격은 성난

사회를 진정시키고 과격한 사회를 회복시킬 치료제다. 우리가 어디서나 옳은 대접을 받는 조건이요 자격이다.

전 세계가 주목하고 있는 새로운 리더의 조건, 품격을 알아 본다.

왜 지금 품격인가

유사 이래 오늘까지 우리의 역사는 가난과의 전쟁이었다. 오직 생존에 급급한 참으로 험난한 근대사였다. 외국의 침략, 식민지 지배, 관료의 횡포와 착취 앞에 기침 한 번 크게 해볼 수 없었던 억압의 세월이었다. 자존심이 상했지만 속수무책 혀를 깨물고 참을 수밖에 없었다. 비굴도 삼키고, 비겁한 짓도 했다. 오직 생존을 위해.

내가 겪어온 팔십 평생만 돌아봐도 어느 한때 '아, 참 살기 좋은 세상이다.'라고 느껴본 적은 별로 없다. 굳이 묻는다면 88 서울올림픽을 전후한 반짝 시대라고 할까. 우린 그때 처음으로 희망에 부풀어 있었다. 하지만 우리의 고공비행은 길지 않았다. 곧이어 닥친 IMF. 명퇴, 실업, 그러곤 순식간에 빈부격차가 엄청나게 벌어져 중산층이 몰락, 소실되고 말았다. 정말이지 눈 깜짝할 사이에 일어난 일들이다.

하지만 말이다. 다시 한번 말하지만 우리 경제는 나라 전체적으로 볼 때 세계 정상에 섰다. 우린 이 시점에서 참으로 현명해야 한다. 격차사회의 골을 잘 메우면서 한편 먹어야 할 파이도 더 키워 나가야 한다. 단 지금까지 방법으로는 더 이상 안 된다.

잘사나 못사나. 우리는 언제나 경제지표라는 하나의 잣대로만 본다. 나라도 그런 잣대로 보고 개인도 마찬가지다. 창피한 이야기지만 이게 거지 근성의 발로다. '목구멍이 포도청'이란 말도 그래서 생겼을 것이다. 오직 돈. 돈을 벌기 위해선 어떤 짓도 가리지 않았다. 생존이 걸린 문제라면 어쩔 수 없는 일 아닌가.

하지만 돈 벌기 위해 일을 한다면 정말 피곤하다. 일은 천명(天命)이다. 하늘이 시키는 일이다. 돈 벌기 위해서가 아니라 인간으로 태어난 이상 일은 해야 하고 그러다 보면 돈은 절로 따라온다.

고맙게도 우리가 수십 년간 이뤄놓은 놀라운 경제 발전은 개발도상국엔 선망의 대상이지만 선진국에서 보는 시각은 꼭 그렇지만은 않다. 서구에선 부자나라 미국도 때론 '양키'라 부르면서 폄하하기도 한다. 문화적 성숙이 안 되어 있다는 뜻에서다. 돈 좀 있다고 거들먹거리거나 하는 졸부, 도대체 품격이 없다는 것이다.

45

어쨌거나 경제가 잘나간다고 일등국민, 일등국가가 되는 건 아니다. 경제 수준에 걸맞은 격이 갖추어져야 한다. 나라에도 국격(國格)이 있어야 한다.

그리고 또 중요한 건 사람의 품격이다. 돈 있다고 모두 존경을 받던가. 돈 있다고 행복하던가. 삶은 다양하다. 사람마다 삶에의 가치가 다르다. 자기 삶에 충실하고 보람을 느끼고 자부심이 있다면 그로써 얼마나 훌륭한 삶인가. 이제 우린 사람을 보는 잣대부터 다양해져야 한다.

이젠 다양한 시대다. 다양한 품격을 가져야 하는 시대다. 생각해 보면 그간 나라의 꼴이 말이 아니었다. 우린 너무 과격하고 저돌적이다. 시끄러운 나라. 무질서, 짝퉁이 판치는 나라. 정경유착, 부정부패, 범죄. 정의는 실종되고 도덕이 무너진 나라다. 이젠 굶느냐 먹느냐 생존의 문제가 아니다. 이젠 '잘산다'는 의미도 달라져야 하는 시대다. 그간 만신창이가 된 자존심도 되찾아야 한다. 민족의 자긍심, 나라의 국격도 다시 세워야 한다. 그러기 위해선 무엇보다 국민 저마다의 품격이 앞서야 한다.

▌이 시대 품격은 무엇을 의미하는가

'품격(品格)'이라는 말의 사전적 의미는 '사람 된 바탕과 타고

46

난 성품' 또는 '사물 따위에서 느껴지는 품위'다.

품격을 뜻하는 영어 단어 dignity의 라틴어 어원은 dignitas이다. 김주연의 저서 『표현 인문학』을 보면 dignitas(이 책에는 '존엄성'이라고 되어 있다)는 "높은 정치적·사회적 지위 및 그에 따른 도덕적 품성의 소유를 가리킨다"고 한다. 고대 로마의 철학자이자 정치인인 키케로는 동물과 인간을 구별할 때 이 dignitas라는 말을 적용했다. 즉, 참다운 사람됨이야말로 품격의 기본이다.

품격은 겉모습을 꾸민다고 만들어지지 않는다. 내부에서 우러나오지 않는, 조작된 품격은 어색하고 우스울 뿐 아니라, 언젠가 그 속이 들통 나게 마련이다. 먼 곳에서 찾을 것도 없다. 갑자기 떼돈을 번 졸부들을 보라. 돈도 많고, 좋은 옷, 좋은 차, 풍채도 그럴듯하니 훌륭해 보인다. 그리고 '무조건 명품족'도 생겨났다. 온몸에 수억짜리를 걸치고 다닌다.

명품족을 폄하하려는 건 아니다. 명품족도 있어야 우리 눈도 높아지고 국제 감각도 익힌다. 그래야 세계적 경쟁력 있는 브랜드가 탄생할 게 아닌가. 난 명품족의 존재를 고맙게 생각한다. 사람은 안목이 높아야 한다. 밤낮 싸구려나 보고 싸구려나 만들어 파노라면 삼류 시장의 싸구려 장사로 전락하고 만다. 이런 명품족 덕분에 우리 안목이 높아지고 메이드 인 코리아가 고급화된다면 그보다 좋은 일이 없다. 문제는 이런 명품족의 개성이다.

무조건적 명품족을 지켜보노라면 하는 짓이 도대체 격이 없다.

큰 재산에도 베풀기는커녕, 오로지 내 것, 그리고 더 크고 화려한 것만 찾을 줄 알지 단아하고 소박한 아름다움을 모른다. 자기에게 맞지도 어울리지도 않는 걸 명품이라고 걸치고 다닌다. 졸부(猝富)라 부르는 데는 다 이유가 있다. 옹졸한 부자, 가짜 부자다.

한편 가진 것은 많지 않아도 고고한 품격을 갖춘 이들은 한눈에 봐도 어딘가 다르다. 없어도 남에게 나눠줄 줄 알고, 분수를 지키며 만족할 줄 안다. 허름한 의관일지라도 늘 깨끗하게 하고 다닌다. 다른 이를 배려할 줄도 안다. 이런 사람은 돈이 없어도 존경을 받는다. 황희 정승의 남루한 누더기 옷에 서릿발 같은 품격이 어려 있지 않은가.

얼마 전 한 다큐 프로그램에서 본 91세 인어 할머니, 김화순 씨. 꾸부정한 허리, O자형 다리에 겨우 제 몸 가누기도 힘든 할머니다. 하지만 잠수복을 입고 뱃전에 서면 그 당당한 카리스마가 바다를 압도한다. 풍덩 ―. 홍합을 찾아 유연한 몸짓으로 헤엄쳐 내려간다. 누가 그를 보고 91세 해녀라고 할까. 이윽고 그물 가득 채워 배에 다시 오른 늙은 해녀의 주름진 얼굴에 웃음이 피어난다. "오늘은 바다가 고바서…." 바다가 잠잠해서 많이 땄단다.

속에서 우러나오는 게 품격이라면, 그리고 참 아름다움 속에서 피어오르는 내적 미가 품격이라면, 저 늙은 해녀의 품격과 웃음을 누가 당하랴.

빅토리아 모란(Victoria Moran)은 그의 저서 『안에서부터 빛나는(Lit

From Within)』에서 아름다움을 이렇게 표현한다.

"진정한 아름다움은 돈으로 살 수도 없고, 화장품 병에 담을 수
도 없는 내면의 빛이다. 그것이 카리스마, 품격을 만든다. 내적
미(內的美)를 지닐 때 우리 눈은 진정한 영혼의 창문이 된다. 그 인
품에서 저항할 수 없는 매력이 뿜어져 나온다."

그렇다. 그녀의 말처럼 내면의 미는 백화점 화장품 코너에서 찾
을 수 있는 게 아니다.

▋품격엔 돈 냄새가 아닌 사람 향기가 난다

가진 것이 많으면서 그에 맞는 품격을 갖춘다면 금상첨화다.
세계적인 투자의 귀재 워런 버핏과 마이크로소프트의 빌 게이츠는
엄청난 재산을 기부하는 것으로 유명하다. 이들은 '더 기빙 플레
지(The Giving Pledge)'라는 프로그램을 운영하며 전 세계 억만장자들
에게도 기부활동을 권유하고 있다.

이들은 심지어 미국 부시 행정부가 상속세를 폐지하려고 했을
때 "상속세는 매우 공정한 세금"이라며 "부의 왕조적 세습에 반대
한다."는 비판을 했다. 유산보다는 성과와 실력에 의해 성공이 결

정되는 사회가 진짜 공정한 사회이며, 이것이 경제성장을 북돋을 수 있다고 주장한다. 이들이야말로 품격 있게 성공하고, 성공 후에도 품격을 잃지 않는 사람들이다.

선진국과 후진국을 가르는 차이는 국민소득이 아니라, 바로 이러한 국민의 품격이다. 얼마 전 대지진을 겪은 일본. 그 참혹한 현장에서도 일본인들은 침착한 모습을 보였다. 몇 시간 동안 기다려서 물건을 사면서도 다음 사람을 위해 사재기를 하지 않고, 버스를 타기 위해 한참을 기다리면서도 새치기를 하지 않는다. 심지어 장례식장에서는 옆의 유가족들에게 누가 될까 봐 울 때도 소리죽여 운다고 한다. 무서울 정도다. 이런 일은 전 국민이 배려와 절제에 익숙하지 않으면 불가능한 얘기다. 서로 자기만 살겠다고 아우성치다가 더 큰 혼란을 불러일으킬 수 있다는 걸 잘 알기 때문이다.

이 점에서 일본은 단연 선진국이다. 이런 점에선 인정하지 않을 수 없다. 국화(평화)를 사랑하면서도 칼(전쟁)을 숭상하는 일본인의 이중성을 표현한 『국화와 칼』의 저자 루스 베네딕트의 논조가 새삼 떠오른다. 우리에게 그 악랄한 식민 정책을 폈던 이들이, 생사가 걸린 혼란 앞에 저렇게 정연, 침착할 수 있을까?

우리가 이 시점에서 왜 품격을 이야기해야 하는지 독자들이 이해할 수 있으면 좋겠다. 품격은 자기 본연의 가치에 맞게 대접받을 수 있는 지름길이다.

50

무엇이
품격을 만드는가

    우리는 여기서 다시 한번 품격이란 무엇인가를 되묻지 않을 수 없다. 품격의 구성 요소는 어떤 것일까? 문헌을 뒤적거려 봤지만 품격에 관한 이야기는 그리 많지 않다. 학자들 사이에서도 이에 대한 깊은 담론은 과문(寡聞)한 탓인지 찾을 수 없었다. 여기저기 언급된 것들을 종합해볼 수밖에 없을 것 같다. 그만큼 우리 사회는 품격에 대한 생각조차 깊이 해보지 못했다는 방증이기도 해서 기분이 씁쓸하다. 중복되는 것도 있지만 품격이란 무엇인지, 무엇이 품격을 이루고 있는지를 요약해 보았다.

첫째, 품격은 남녀노소, 지위고하가 없다. 품격이라면 제일 먼저 떠오르는 연상이 과묵하고 점잖은 훌륭한 인격의 중년 남성이다. 하지만 품격은 남성에 국한된 속성도 아니고 젊은이라고 없는 건 아니다. 20대는 20대의 품격이 있고 10대라고 없진 않을 것이다. 나이에 혹은 역할에 상응하는 품격이 있다.

둘째, 품격은 기본적으로 바른 인성을 요구한다. 서울대 문용린 교수는 품격에 대해 높은 도덕성을 기본으로 꼽는다. 그 중에서도 정직, 약속, 용서, 소유, 책임, 배려, 그리고 베풀고 나눌 줄 아는 품성을 강조한다. 설명이 따로 필요 없다. 어느 하나 품격에서 빠질 수 없는 중요한 요소다.

셋째, 품격은 중심을 지키되 유연함이 필요하다. 매사에 자제와 절제의 슬기도 품격에서 빼놓을 수 없다. 어느 한쪽에 치우침이 없고 쉽게 흥분하거나 이성을 잃거나 하는 법이 없다. 작은 유혹이나 비판에도 흔들리지 않고 제 갈 길을 간다. 정의감이 투철해서 원리 원칙대로 살면서도 유연성이 있고 덕성스럽다. 당당하지만 교만하지 않고, 가난해도 결코 비굴하지 않다.

넷째, 품격은 함께 사는 공동체에서 빛을 발한다. 품격 있는 사람은 인간관계가 부드럽고 차별이 없다. 누구나 똑같이 대한다. 자기를 믿기에 남도 잘 믿고, 그 신뢰를 바탕으로 협동 관계를 잘 맺을 수 있다. 자아존중감이 있어 남도 존중한다. 무시, 경멸하지 않는다. 자신이 있기에 자기를 낮출 줄 아는 겸손이 몸에 배어 있다. 자기 분수를 알기에 근검절약할 줄 알고 지족(知足) 의식이 강하다. 범사에 감사한다. 오늘의 자기가 있기까지 많은 사람에게 신세를 진 빚쟁이라는 생각을 한다. 어찌 감사하지 않을 것이며, 보은의 차원에서도 가진 걸 다 베풀 수 있다.

다섯째, 품격은 학문의 소양과 배움에 대한 호기심이 필요하다. 품격을 갖춘 사람이라면 문화적 감수성과 성숙도도 상당한 수준이어서 교양미가 절로 배어난다. 공부도 게을리하지 않는다. 학문에 대한 호기심이 많고, 모르는 걸 부끄러워하지 않고 누구에게나 배우는 자세로 공손히 임한다.

여섯째, 품격은 인위적인 것이 아니라 자연 그대로의 조화로움을 말한다. 품격 있는 사람은 자연에의 감수성, 친화력도 높아서 인간도 자연의 일부임을 자각하고 한없는 외경심으로 자연에 다가간다.

읽다 보면 너무 이상적이어서 누가 이럴 수 있으랴 싶지만, 천만에다. 대부분의 양식 있는 사람이면 평소에 하는 일들이다. 쓰고 보니 어렵고 복잡하게 된 것 같지만 우리 누구나 일상에서 실천할 수 있는 덕목들이다.

다시 한번 말하지만 품격이란 어려운 것도 아니고 일정한 틀이 있는 것도 아니다. 한마디로 품격은 다양하게 표현된다. 문화인류학자인 이희수 교수는 품격을 아주 쉽게 정의한다. '각자 제 선

자리에서 자기 색깔을 은은하게 드러내는 것'이 바로 품격이라는 것이다.

당신이 어디서 무엇을 하든 자기 하는 일에 최선을 다하고, 하는 일에 보람을 느낀다면 그게 품격이다. 품격은 자기다워야 한다. 품격이 다양할 수밖에 없는 건 그래서다.

품격은
부를 창출한다

"셰익스피어는 인도와도 바꾸지 않겠다."

영국의 문필가 토머스 칼라일이 한 말이다. 엄청난 국토와 자원을 가진 인도를 통째로 주어도 포기할 수 없을 만큼 셰익스피어가 남긴 문학은 훌륭하다. 그의 글 속에는 영국의 철학과 정신이 고스란히, 그것도 아름다운 모국어로 담겨 있다. 그러니 영국인들에게 셰익스피어는 품격 있는 자국 문화의 상징이자, 무엇과도 바꿀 수 없는 자부심이다.

여기서 잊어선 안 될 일이 있다. 자부심의 상징 셰익스피어가 영국의 중요한 관광 자원이 되었다는 사실이다. 셰익스피어의 고향 스트랫퍼드(Stratford)는 온 마을이 셰익스피어 천지다. 셰익스피어 생가, 셰익스피어 거리, 심지어는 부인과 사위의 생가까지 박물관 으로 만들어 놓았다. 품격 있는 문학작품이 엄청난 부를 창출하 고 있는 것이다. 셰익스피어 영화, 연극, 세미나. 이보다 지적이고 우아한 관광 자원이 또 있을까.

셰익스피어 덕분에 먹고사는 건 영국만이 아니다. 2011년 여름 우리 문화 기행단이 이탈리아 벨로나의 줄리엣 생가를 방문했다. 말로만 듣던 그 유명한 줄리엣의 발코니도 그대로 재현해 놓았 다. 각국 관광객들은 그것을 보기 위해 이곳을 찾고 있었다. 하긴 어디 여기만인가. 전 세계 셰익스피어 연구가며 교수는 얼마나 많 은가. 한 사람의 품격이 전 세계에서 부를 창출하고 있는 것이다.

우리 주위에도 품격이 상품화되는 예는 얼마든지 찾을 수 있다. 이젠 품격이 돈이 된다는 걸 알기 때문이다. 신문, 잡지의 광고를 보라. 온통 품격 일색이다. 품격 있는 신사 정장, 고품격의 골프 장, 스파, 식당…. 고급스러운 이미지를 광고하는 데 반드시 등장 하는 게 '품격'이란 단어다. 그도 모자라 '고품격'이다. 요란한 광 고 선전만큼 진짜 품격이 있을지는 다음이다. 품격이란 말은 썼지 만 광고 문구부터 어쩐지 진정한 품격과는 거리가 있다.

품격의 상품화라면 뭐니 뭐니 해도 백화점이다. 그냥 품격도 아 니고 너도나도 고품격이다. 고맙게도 백화점 품격은 그전과는 비교가 안 될 정도로 좋아졌다. 이제는 싸다고 손님이 몰리는 시대가 아니다. 아름다운 디자인, 환경호르몬을 방출하지 않는 소재, 소비자를 다시 오게 하는 친절한 서비스 등. 가격이나 품질을 넘어선 새로운 무언가가 요구되는 시대이다.

▐ 상품이 아니라 마음을 판다

당신이 세일즈맨이라면 당신이 들고 다니는 상품이 질 좋고 값싼 좋은 제품이라는 확신과 자신이 있어야 한다. 그래야 하나를 팔아도 떳떳하고 고객에게 큰 봉사를 했다는 긍지도 가질 수 있다.

이젠 얼마를 팔았느냐가 중요한 게 아니다. 상품이 아니라 사람을 파는 시대다. 당신의 인격을, 품격을 파는 시대가 된 것이다. 질 좋다고 소비자가 덜컥 사지는 않는다. 영업사원의 인품이 고객의 구매 여부에 큰 영향을 미친다. 말끔한 외모, 진지한 태도, 성실한 설명으로 신뢰가 갈 수 있게 해야 한다. 당신의 인품을 못 믿는 고객이 무얼 믿고 제품을 사겠나? 설명이 수선스럽거나 장황해서도 안 된다. 과장도 말고 있는 그대로 설명해야 한다. 때론 상품의 결점, 약점까지 곁들인다면 고객의 전폭적인 신뢰를 얻을 수 있다.

절대 하지 말아야 할 건 강요하는 자세다. 협박 조의 장사꾼도

57

더러는 봤다. 고객에게 부담을 주는 행위는 금물이다. 보자는 물건만 보여주면 될 걸 진열장 물건을 몽땅 들어내 펼쳐 보이는 짓. 이건 협박이다.

'이래 놓고 당신이 안 살 수 있겠어?'

마음 약한 고객이 이런 협박식 상술에 넘어갈 수도 있다. 하지만 그 고객은 결코 행복하지 못하다. 이런 작전에 넘어간 걸 생각하면 자신이 바보가 된 듯한 느낌인들 왜 안 들겠나? 두 번 다신 오지 않을 것이다.

장사의 기본은 단골을 많이 만드는 것이다. 당신이 뜨내기장사치가 아니라면 이런 얄팍한 상술은 버려라. 당신은 상품이 아니라 행복을 파는 사람이다. 이게 또한 장사의 기본이다. 품격 있는 인사는 오래도록 기억에 남는다. 그 은근한 품격의 아우라가 은은하게 울려 퍼지는 종소리처럼 오래 여운이 남는다. 그 품격에 끌려 또 찾게 된다.

능력 있는 인재보다 품격 있는 인재

품격이란 앞에서도 말했지만 고고한 학식이 있는 자의 전유물이 아니다. 자기 하는 일에 긍지를 갖고 올바르게 최선을 다하는 사람이면 된다. 얼마 전 텔레비전에서 어느 시골 장터에서 대를 이어 엿장사를 하는 사람의 휴먼 스토리를 본 적이 있다. 감동적이다. 평생 묵묵히 한 우물을 파는 장인들도 가끔 본다. 대단한 명예나 부가 따르는 일도 아니다.

한 가지 일에 일류가 된 사람에겐 그 나름의 품격이 온몸에 젖어 있다. 우리는 앞에서 인어 할머니의 주름진 얼굴에서, 굽은 등에서 형언하기 어려운 품격의 향기가 짙게 배어 있음을 보았다. 이런 사람이 누구 앞에 선들 비굴할까. 그 중후한 인품에 압도당하고 만다. 신뢰와 존경이 절로 생긴다. 그의 인간적 매력에 한없이 끌려 들어간다.

안중근 의사는 우리만 존경하는 영웅이 아니다. 그가 갇혀 있던 감방의 간수, 심지어 재판을 담당한 판사까지 안중근 의사의 당당한 모습, 고고한 뜻에 감복해 일본에 돌아가 안중근 사당을 지어 대대로 선생의 높은 뜻을 새겨 이어오고 있다. 워털루 전투에서 나폴레옹 군대를 무찌른 영국의 웰링턴 장군. 그의 품격이 얼마나 고고했던지 포르투갈, 스페인 국민이 적장이었던 그에게 재산을 맡겼다고 한다. 존경과 신뢰 없이는 될 일이 아니다.

이것이 품격이 주는 힘이다. 총보다 강하고, 부보다 강하다. 무엇과도 바꿀 수 없는 위대한 힘이다.

품격이 뿜어내는 아우라는 사람을 감동, 감복시킨다. 이보다 더 큰 힘이 또 있을까. 이보다 아름답고 멋진 일이 또 있을까.

▪ 품격이 사람을 끌어당긴다

"낳아 기르되 소유하지 않고, 행하되 내세우지 않으며, 이끌되 지배하지 않는다."

노자의 『도덕경』에 나오는 '현덕(玄德)', 즉 현묘한 덕이다. 이런 덕을 지닌 사람이 직장 상사라면 어떨까? 내 친구라면? 인생이 얼마나 즐겁고 재미있을까?

품격 있는 인재는 결코 내가 했다고 으스대거나 상대를 우습게 보지 않는다. 언제나 상대를 배려하고, 함께 성과를 나눌 줄 안다. 어떤 일도 혼자 해낼 순 없다는 걸 알기 때문이다. 이런 인물 주위에 사람이 몰려들지 않을 리 없다.

필자는 졸저 『세로토닌하라!』에서 이런 능력을 매인력(魅引力)이라 부른 바 있다. 세로토닌형 인재, 품격 있는 인재만이 가지는, 사람을 끌어당기는 특별한 힘이다. 힘으로 다른 사람을 지배하기보다 스스로 따르게 하는 사람이다. 내가 좋아서 움직인다. 이런 자발적 충성이 얼마나 큰 힘을 발휘할지는 굳이 설명이 필요 없다.

미국의 유명한 여성 앵커 데보라 노빌은 저서 『리스펙트(Respect)』에서 품격 있는 리더의 다섯 가지 조건을 이렇게 제시한다.

- 첫째, 창조적 논쟁을 즐긴다.
- 둘째, 직원의 단점을 들추기보다 장점을 활용한다.
- 셋째, 비판하지 않는다.
- 넷째, 직원을 믿는다.
- 다섯째, 스스로 갈고 닦는다.

당신은 이 중 몇 가지에 해당하는가? 주위에 사람이 없다고 불평하기 전에 나를 먼저 돌아보라. 무슨 일이든 사람이 모이지 않고는 되는 일이 없다. 공연, 선거, 식당, 구멍가게에 이르기까지 일단 사람을 끄는 힘이 있어야 한다. 품격이 사람을 끈다.

요즘 세로토닌 문화원에서 펼치고 있는 사회문화 운동은 한 마디로 '품격운동'이다. 『세로토닌하라!』에서 나는 세로토닌형 인간을 다음과 같이 제시한 바 있다. 첫째, 차분한 열정으로 경쟁력을 높인다. 둘째, 창조적인 공부로 성공을 일군다. 셋째, 잔잔한 감동으로 행복을 가꾼다. 이게 뇌신경전달물질인 세로토닌의 3대 기능이자, 우리가 지향하는 사회문화 운동의 핵심이다. 이제는 세로토닌형 인간이 성공과 행복의 두 마리 토끼를 모두 잡을 수 있다. 이런 사람들이 모여 나라의 품격을 한 차원 높게 끌어올릴 것이다.

그저 일만 할 줄 아는 사람은 인정받지 못한다. 인간적인 면모, 다양한 지식, 융통성, 훌륭하고 깔끔한 외모가 능력인 시대다. 기억하라. 능력 있는 사람은 많다. 그러나 품격 있는 인재는 드물다.

품격 유전자를
회복하라

요즘은 유능한 젊은이가 많다. 영어는 기본, 제2외국어도 유창하게 하고 학점도 좋다. 봉사활동에, 인턴십에, 해외연수까지. 이른바 훌륭한 '스펙'이다. 그런데 이렇게 훌륭한 젊은이들을 놔두고 기업 인사 담당자들은 "뽑을 사람이 없다."고 난리다. 구직난 속 구인난이다.

잘난 사람도 많은데, 선거철만 되면 뽑고 싶은 사람이 없다고들 난리다. 모든 후보가 경력도 다양하고 화려하다. 다들 훌륭한 업적을 쌓았다. 그런데도 진정으로 받들고 따를 만한 리더를 찾기가 쉽지 않다.

우리 사회 지도층은 또 어떤가. 존경할 만한 기업 총수가 몇 명이나 되나? 존경받는 사회 원로는? 열심히 헤아려 봐도 손가락으로 꼽힐 정도다. 그나마 최근에 많은 분이 돌아가셨다.

지금 한국 사회는 전반적으로 불안하다. 범죄가 늘고, 험악한 일들이 벌어지고 있다. 사람들은 불안해한다. 누구 하나 의지하고 믿을 사람이 없다. 경제는 정상인데 대체 우리 사회에 뭐가 부족한 걸까?

다시 한번 말하지만 품격이다. 품격 있는 젊은이도, 품격 있는 정치인도, 품격 있는 지도자도 찾기 어려운 게 오늘 우리의 현실이다. 우리가 어쩌다 이렇게 됐을까? 공자가 '군자의 나라'라 부르며 그곳에 가서 살고 싶다고 했던 동방예의지국(東方禮義之國)이 어쩌다 이렇게 되었을까?

우리는 예부터 품격 있는 민족이었다. 만주 벌판에서 말 달리던 유목민의 당당한 기백, 농경민족으로서의 선하고 성실한 심성, 유교적 전통이 뿌리 깊이 박힌, 예의가 바른 민족이었다. 그러한 기질이 여러 차례의 전란을 겪으면서 피폐해진 농촌, 가난, 굶주림 탓에 체면이고 뭐고 가릴 형편이 아니었다. 식민지의 잔재, 억압, 비굴, 사대. 생존을 위해 자존심도 버려야 했다. 그리고 늦게 시작된 산업화, 도시화의 가파른 물결 속에 한 발자국이라도 뒤질세라 아등바등했다. 모두가 '산업전사'가 되어 악착같이 했다. 필사

적이란 말이 과장이 아니다. 이게 우리 서글픈 역사의 단면이요,
특히 지난 반세기였다. 품격이란 말조차 실종된 세월이었다.

▋잊고 지낸 품격의 힘

이제 살 만하게 되면서 그나마 약간의 여유가 생겨서인지, 삶의
질을 묻기 시작한다. 다행히도 품격에의 향수도 생겨나고 있다.
참으로 다행이다. 오히려 세상이 각박해지고 험해지면서 사람들
은 품격 있는 삶, 품격 있는 리더에게 끌리기 시작한다. 성과와 목
표에만 매달리는 결과지상주의도 물러가고 있다. 나 혼자가 아니
라 함께 가려고 하는 사람, 원칙과 소신을 지키기 위해 고군분투
하는 사람. 우리도 이젠 그런 사람, 그런 사람들로 이뤄진 사회를
원하고 있다.

미국의 경영학자 필립 코틀러는 저서 『마켓 3.0』에서 이제 기업
브랜드도 인지도를 넘어 품격이 요구된다는 점을 강조한다. 기업
의 사회적 가치가 중시되는 3.0 시장에서는 '품격 있는 브랜드'를
지향해야 한다. 품격 있는 브랜드란 "의지할 만하고 믿을 만하
며 나를 염려하고 존중해 주고, 더 나아가 그런 기업을 존중
하고 싶은 마음이 우러나게 하는 브랜드"를 의미한다.

삼성경제연구소(SERI)의 보고서 〈성공 브랜드의 조건, 품격〉도

같은 맥락이다. 이 보고서를 보면 품격 있는 브랜드가 되기 위한 조건은 세 가지다. 첫째는 소비자가 신뢰할 수 있는 기본 역량인 실력, 둘째는 이해관계자들을 위한 배려, 셋째는 장기적 예측이 가능한 일관성을 의미하는 지조다.

이를 사람의 품격에 적용해 봐도 다를 것이 없다. 먼저 실력. 내 분야에서 전문성을 발휘하고, 이를 통해 성과를 만들어내는 능력이다. 그 다음 배려. 나만을 위해 돈을 벌고 성과를 내는 것보다 그 과정에 참여한 사람을 배려할 줄 알고, 나아가 내가 속한 조직의 구성원 모두에게 도움이 되어야겠다는 생각을 해야 한다. 마지막으로 지조. 상황이 여의치 않다고 원칙을 뒤집는 사람은 이젠 없어야 한다. 한번 옳다고 생각한 원칙이라면 그것을 지키기 위해 고군분투하는 사람이야말로 존경과 신뢰를 받게 된다.

요컨대 품격은 개인에게는 경쟁력이요, 조직에는 다른 조직과의 비교우위가 된다. 그리고 국가에는 궁극적으로 키워 나가야 할 숭고한 목표다.

66

보이지 않는
은근한 힘

하버드대 산업심리학 교수 데이비드 매클리랜드(David McClelland)는 인간의 역량(competency)을 물 위에 떠 있는 빙산으로 비유했다. 빙산은 전체의 10퍼센트만 물 위로 솟아 있고, 90퍼센트는 수면 아래 있다. 역량이라는 빙산도 이렇게 눈에 보이는 10퍼센트와 보이지 않는 90퍼센트로 이뤄져 있다. 눈에 보이는 역량은 지식, 기술, 태도 등이고 눈에 보이지 않는 요소는 가치관, 이념, 성격, 특성, 사명 등이다.

매클리랜드 교수는 눈에 보이지 않는 요소를 중시하는데, 그중에서도 특히 가치관과 사회적 역할을 중시한다. 내가 어떤 가치관을 갖고 사는 사람인지를 확실히 알면 역량도 더 잘 발휘할 수 있게 된다. 나의 모든 힘이 가치관을 따라 자연스레 한 방향으로 작동하기 때문이다. 잠재능력까지 절로 동원된다.

이걸 뇌과학적으로 '자동유도 장치'라 부른다. 마음을 한번 확실히 먹으면 뇌의 잠재의식은 내 의식적 노력 없이도 저절로 그 방향으로 움직여 주기 때문이다.

내 위치에서 할 수 있는 일, 해야 할 일을 아는 사람만이 제 역할을 충실히 해낼 수 있다. 내 가치관에 따라 가정을 꾸려가는 스타일도 물론 달라진다. 자신의 역할에 맞는 가치관이 확실해야 흔들리지 않고 한결같이 목표를 향해 갈 수 있다. 이걸 생각하는 게 바로 책임의식이요, 주인의식이다.

내 삶의 주인은 나다. 여긴 내가 책임진다. 전력을 다할 수밖에 없다. 물론 대충 살다 죽어야지라고 생각하면 그럴 수도 있고, 정말 그렇게 살다 죽는 사람도 있다. 그러나 제대로 살아보겠다고 생각한다면 무엇보다 나의 가치관을 확립하는 게 우선이다.

품격을 말하면서 가치관을 빼놓고 갈 순 없다. 높은 이상, 올바른 가치관이 확립된 사람은 행동거지에 일관성이 있다. 말 따로 행동 따로일 수 없다. 굳이 말로 할 것도 없다. 품격 있는 사람은 평소 자기 가치관대로 한결같이 간다. 누가 뭐래도 시종여일(始終如一)이다. 해서 존경을 받고 사람들이 존경심으로 따르게 된다.

한데 사실 이게 말처럼 쉽지가 않다. 장관을 하겠다는 사람도 국회청문회에서 호되게 시달리곤 한다. 이유는 다양하지만 언행 일치가 안 된다는 게 주된 요지다. 우리 사회만의 일은 아니다. 앨 고어(Albert Gore). 얼마 전 미국 부통령까지 지낸 사람이다. 그 후 '불편한 진실'이라는 환경다큐로 아카데미상까지 수상했다. 그런 데 그 바로 다음 날 신문기사는 세상을 아연케 했다. 그가 사는 대저택이 일반 미국 가정의 20배가 넘는 에너지를 소비하고 있다 는 것. 전기·가스 요금으로 연간 3만 달러를 지출하고 있었다. 앨 고어의 해명 기사를 읽진 못했지만 그가 뭐라고 말했을지가 궁 금하다.

▮ 일관된 가치관이 나를 바꾼다

'미국의 양심'으로 불리는 정치인 존 매케인은 베트남 전쟁 때 포 로로 잡혀 고문까지 당한 적이 있다. 5년 동안 고초를 당하면서 그는 도대체 무엇을 지키기 위해 이렇게 살고 있는가를 고민하게 된다. 그런 후 그는 '인간이 가지고 있어야만 할 인격의 가치'를 깨 우치고 저서 『사람의 품격』을 썼다. 그 깨우침을 통해 내린 결론 은 이러하다.

"자신, 나아가 세상을 바꾸는 것은 사람의 품격이다."

이제 우리 사회도 많이 안정되었다. 이젠 정도를 밟아 원칙대로 해야 한다. 과거에는 '사업하다 보면 그러려니' 하고 넘어가던 온갖 부정부패들이 멀리 못 가 결국은 밝혀지고, 부정을 저지른 사람들이 줄줄이 잡혀 들어가는 모습을 보라.

품격 있는 사람은 멀리 앞을 보는 여유가 있다. 눈앞의 작은 유혹에 흔들리지 않고 자기 신념을 지켜 자기 페이스대로 간다. 당장은 어려워도 그게 이기는 길임을 잘 알고 있기 때문이다.

이런 품격의 소유자가 많아야 조직이 바뀌고 세상이 바뀐다. 원칙대로 정도를 밟으면 성공이 보장될 수 있는 사회라면 얼마나 살기가 편할까. 잔머리 굴릴 것도 눈치 볼 것도 없다. 꾸준히 자기 갈 길을 가기만 하면 되는 세상. 그게 품격이다. 그리고 그 결실은 언젠가 내게 돌아온다.

3 장

품격은
자존감 회복에서
시작한다

Part 3

　　　　　우리가 그 짧은 시일에 폐허에서
경제 부국을 일궈낸 저력은 무엇일까? 무엇이 우리를 정상으로 달
리게 하는 것일까? 사회정신의학적 관점에서 크게 두 가지로 나누
어 이 물음에 접근하고자 한다.

　첫째는 기마유목 민족, 무교적 기질 등 민족의 기원을 따라 올
라가 국가적 성격(National Character), 혹은 민족성(Ethnicity)을 통해 본
관점이다. 그리고 둘째는 한반도 정착, 농경 사회, 유교적 교리 등
사회 정치 체제가 변함에 따라 적응해야 하는 가변적 하위 차원의
사회적 성격(Social Character)의 관점이다.

　물론 이 항목들은 독립 인자라기보단 서로 유기적 관계로 얽혀

있다. 필자는 우리의 위대한 자질을 뿌리적인 원기질(原氣質)이라 부르기로 하고 크게 일곱 개 항으로 나누어 보았다. 이것은 엄밀한 학문적 연구 조사 결과라기보다 개인적 소회를 담은 에세이임을 덧붙여 밝혀둔다.

우리는 위대하다. 이 사실을 다시 한번 확인하자. 그럴 수 있을 때 품격이 살아난다. 품격의 기본은 자신감, 자존감에서 시작하기 때문이다. 자부하라! 당신은 놀라운 사람이다. 자신하라! 당신은 더 힘든 경험도 감내할 수 있고, 더 큰일도 해낼 수 있는 사람이라는 것을.

살 수 있는 곳이면
어디든 간다_ 진취성

　알타이 산맥에서 출발한 우리 민족은 드넓은 시베리아, 몽골, 만주벌판을 거쳐 더 나은 곳을 찾아 끊임없이 이동해 왔다. 한반도에 정착하기까지 우리 민족은 말을 타고 초원을 달리며 기마유목민족으로 살아왔다. 기마유목민족은 야성적이고 진취적이다. 더 나은 곳을 찾아 계속 이동해야 하기 때문에, 도전적이고 겁도 없다. 미지의 세계에 대한 호기심도 많다. '저긴 어떨까?' 이런 호기심으로 더 나은 곳을 찾아 끊임없이 나아간다.

　BC 2333년 고조선부터, 부여와 고구려를 거쳐 발해 시대까지

74

우리는 기마민족의 기백으로 세계를 호령하며 동북아시아의 패권을 다투던 강대한 민족이었다. 이 당시 우리의 자부심과 자신감은 대단했으리라. 천손민족, 천하의 중심국가임을 자처했고, 그런 기백으로 거대한 제국을 세웠다.

강기준 원장의 『역사에서 배우는 경영과 리더십』을 보면 옛 한민족의 제국은 주변 약소민족을 정복하고 지배하는 패권국가가 아니라 앞선 기술과 높은 문화를 바탕으로 주변 민족을 포용한 큰 나라였다는 것을 엿볼 수 있다.

비록 발해를 마지막으로 우리는 자주·풍요·영광의 시대를 마감하고, 예속·빈곤·수난의 시대로 접어들지만, 분명 우리의 뿌리는 몽골과 만주를 달리는 진취적인 기마민족의 후예다. 그리고 진취적인 기질은 우리의 DNA 속에 맥맥이 이어져 흐르고 있다. 경주 박물관에는 화려한 기마 문화 유물이 고스란히 남아 있다.

경남 사천의 골짝엔 강기준 원장이 이끄는 다물민족학교가 있다. 우리 민족의 드높은 기상, 요동 벌판의 광활한 대제국에의 실지(失地) 회복을 위한 민족 운동을 펼치고 있다. 다물 정신은 바로 대발해를 아우르는 웅대한 민족 기상이다. 그간 수많은 이 나라의 지도자들이 여기서 수련을 쌓았고 그 정신에 감동, 왜곡된 민족정기를 바로 세워야 한다는 깊은 사명감에 불탔다. 필자도 그곳에서 짧은 일정을 보냈음에도 그렇게 큰 감동을 받은 기억이 일찍이 없었다. 한국인이라면, 특히 한국의 지도자가 될 사람이라면 필히 한번 거쳐 가길 권한다. 가보면 안다. 왜 개인 연구원을 공개적으로 추천하는지.

한국 사람이 세계에서 골프를 제일 좋아한다고 한다. 한 골프 잡지와의 인터뷰에서 필자는 이런 해석을 내렸다.

"우리가 유목 민족의 후예란 증거죠."

드넓은 초원을 달리던 사람이 한반도 좁은 땅에 살게 되니 말 타고 시원스레 달려볼 기회가 없다. 한 평 땅에도 농사를 지어야 하고 어쩌다 손바닥만 한 잔디밭이 있어도 언제나 출입금지다. 관상용이지 밟고 다니는 곳이 아니다. 골프장. 드넓은 잔디를 밟아볼 수 있는 곳은 여기뿐이다. 억눌린 유목민족의 기질이 겨우 숨통을 트일 수 있는 곳이 골프장이다. 속이 시원하다. 물론 골프를 좋아하는 이유가 이것만은 아닐 것이다. 골프는 부의 상징이기도 하고, 고급 사교장이 되기도 한다. 체면상 골프를 쳐야 하는 경우도 있을 것이다. 하지만 어느 쪽이든 우리 사회 중년 남성만큼 골프를 좋아하는 사람은 없을 성싶다.

▋불모지에 진출해 기적을 일궈낸 힘

오늘날 지구촌 어디에도 한국 교민이 없는 곳이 없다. 아니 여기까지? 깜짝 놀란 게 한두 번이 아니다. 우리는 정말이지 대단한 민족이다. 유목민의 뿌리 기질은 맥맥이 이어져오고 있다. 우리는 어디든 살 수 있는 곳이면 용감하게 떠난다. 잠시 다녀오는 여행도 쉽지 않은데, 아주 살기를 작정하고 고향을 떠난다는 게 쉬운 일인가? 한데 우린 겁이 없다. 1970년대 산업화 물결이 밀려오자 수백 년 살아온 농촌 고향을 버리고 새로운 일터를 찾아 떠났다. 도시로 도시로, 민족 대이동이 일어난 것이다. 불과 몇 년 만에 농촌 인구는 급격히 줄어들고, 도시는 사람들로 넘쳐났다.

잘살기 위해서라면 바다 건너 외국으로 이민을 가는 것도 두려워하지 않았다. 한말의 어수선한 시대에 시작된 우리 이민사도 한 세기를 넘어선다. 독립운동을 위해 혹은 좀 더 나은 곳으로 잘 살기 위해 떠난 이민 길이다. 가까운 일본을 비롯하여 만주, 소련, 하와이, 미주까지 전 세계 어디든 가리지 않고 간다. 한마디로 용감한 사람들이다. 지구촌 어느 오지든 가리지 않는다. 살 수 있는 곳이면 어디든 간다. 그리고 잘산다. 해외 교민 7백만 시대다. 남북 합쳐도 7천만 인구인데, 그 10분의 1에 달하는 인구가 해외에서 생활한다. 이런 민족이 우리 말고 또 있을까.

중앙아시아 타슈켄트에도 우리 교민들이 많이 살고 있다. 소련의 강제 이주 정책으로 불모지인 타슈켄트까지 쫓겨 온 것이다. 화물칸에 실려 추위와 굶주림, 먹을 것도 없이 정착지라고 내준 곳은 늪지대였다. 죽으라고 버린 것이다. 한겨울 먹을 것도 없이 얼음 늪지로 내몰았으니 살아남기가 불가능한 상황, 한데 이듬해

봄 얼음 위에서 연기가 나는 것을 보고 옛 소련 당국은 혀를 내둘렀다고 한다. 지금은 고려인들이 타슈켄트의 최고 부농을 이루어 잘살고 있다. 그토록 열악한 환경에서 살아남는 한국인의 적응력은 가히 초인적이다.

더욱 신기한 일은 이민 3대·4대를 이어오면서 한국말은 물론 전통, 풍습을 고스란히 간직하고 있다는 사실이다. 한국 혼은 참으로 끈질기다.

▋ 우리는 겁이 없다. 일단 해 본다.

현대그룹의 고(故) 정주영 회장의 전설적인 성공신화, 누가 들어도 입을 다물지 못한다. 아산만 대공사 중 마주 보고 진행되어 온 제방 끝을 이어야 하는 마지막 단계. 조류의 흐름이 너무 빨라 막을 방법이 없다. 전문가들이 며칠 밤을 새우며 연구했지만 방법을 찾지 못했다. 이때 나선 사람이 정주영 회장이다.

"헌 배를 끌어 와라."

폐선을 끌어다 물을 막자는 정 회장의 아이디어다. 기발했지만, 한 번도 시도해 본 적이 없는 위험천만한 모험이었다. 불가능하다는 모두의 만류에도 정 회장은 밀어붙였다. 결과는 기적 같은 대성공! 정주영식 물막이 공사는 세계 토목학계를 발칵 뒤집어 놓은 역사적 사건이 되었다.

우리는 용감하다. 겁이 없다. 처음 해보는 새로운 일이라도 도전하길 주저하지 않는다. 우린 감만 잡히면 덤빈다. 일단 뛴다. 그리고 생각한다. 돌다리도 두드려보고 건너는 신중한 일본 사람들 눈에 이런 한국인의 기질이 부럽기도 하고, 불안해 보이기도 한다. 물론 신중한 기획이나 사전준비 없이 뛰어들기 때문에 중도에 생각지 못한 변수가 많이 생긴다.

그러나 우리가 누군가? 시베리아의 매서운 바람을 뚫고 한반도까지 달려온 강성 민족이 아니던가? 그리고 한반도에서는 외침과 내침, 오랜 피침의 역사를 겪었다. 언제나 불확실의 연속이다. 우리에겐 언제나 비상상황이다. 그렇기에 순간적인 기민한 상황 판단은 생존의 필수다. 대세의 흐름을 잘 파악하고 민첩하게 움직여야 한다. 그리하여 특유의 유연성, 적응력, 순발력을 발휘하여 어떤 고난도 잘 헤쳐나간 것이다. 그러곤 수천 년간 정착 농경 생활을 하며 억압되어 온 기마민족의 기질이 최근에 폭발, 세계를 깜짝 놀라게 하고 있다.

흥이 살아나면
못 해낼 일이 없다_ 신명성

20세기 막바지에 시작된 '한류 열풍'은 중국, 일본, 동남아시아를 넘어 이젠 온 세계를 휩쓸고 있다. 소녀시대, 카라 등 한국의 걸그룹들은 자존심 센 일본 가요계를 평정해 버렸다. 최근엔 영국, 프랑스, 이탈리아 등 유럽에서도 샤이니, 동방신기 등 한국 가수들의 공연 티켓이 매진되고, 재공연 요청이 쇄도하는 등 유럽까지 K-pop 열풍의 기세는 상상을 초월한다. 생각할수록 기분 좋고 신나는 일이다.

이게 우리 민족 특유의 신명이다. 때와 장소를 불문, 판만 벌어지면 노래하고 춤추며 신명 나게 노는 게 한국 사람들이다. 외국 사신들이 집필한 한국 견문록엔 빠지지 않는 게 두 가지가 있다. 한국 사람들은 가무(歌舞)를 즐기고 활을 잘 쏜다는 것이다. 한국 인의 이런 끼가 현대에 와서 음악, 드라마, 영화 등을 통해 마음껏 발산되고 있는 것이다.

연예계뿐만이 아니다. 일단 신명이 났다 하면 한국인은 엄청난 위력을 발휘한다. 다른 나라에서는 몇십 년이 걸려도 못할 일을 우리는 몇 년 만에 뚝딱 해치운다. 집을 지어도 그렇고 도로 건설 도 빠르다. 일단 시작하면 불도저처럼 밀어붙인다. 한마디로 화 끈하다.

'다이내믹 코리아(Dynamic Korea).'

누가 말했는지 한국인의 기질에 딱 그대로다.

세계가 인정한 역동적인 한국 문화의 바탕에는 바로 용솟 음치는 신명이 꿈틀거리고 있다. '신명 난다'는 말은 '신들렸 다'는 의미이다. 말 그대로 신기(神氣)가 들어 인간이 할 수 없는 초인적인 힘을 발휘한다는 뜻이다.

한국인은 신명이 났다 하면 못 하는 일이 없다. 뭐든 상상 이상 으로 해내고 만다.

월드컵 4강, 누가 상상인들 했겠나. 폭발적인 에너지의 방출이 다. 2002년 월드컵이야말로 한국인의 신명을 제대로 보여준 대사 건이었다.

▌우리의 잠재된 신명을 깨워라

저명한 민속학자인 주강현 박사는 월드컵 거리응원을 '굿판'이라고 정의를 내리기도 했다. 원래 무당들은 빨간색 같은 원색을 즐겨 입는데, 붉은 악마의 붉은 티셔츠가 바로 무당의 무복이라는 것. 이렇듯 한국인의 핏줄에 샤머니즘 문화가 뿌리 깊이 박혀 있다. 당신의 종교적 배경이 어떠하든 한반도에 태어난 이상 그 원형적 기질은 무교적(巫敎的) 심성이다.

지난여름 시베리아 바이칼 호를 다녀왔다. 우리 민족의 기원을 찾아 나선 것이다. 그 신비스러운 호수 안의 알혼 섬. 난 정말이지 벌린 입을 다물지 못했다. 한국의 무당이 거기 그대로 있는 게 아닌가. 원색 깃발 하며 바위에 제를 올리는 것까지, 이럴 수가. 도대체 어떻게 여길 왔을까? 보기만 해도 무시무시한 바이칼 호, 그리고 그 안의 섬에까지. 근처엔 우리와 똑같은 부리야트 족이 사는 걸로 보아 분명 우리 조상이 한때 여기 살았던 것만은 확실하다. 그땐 거기가 살 만했겠지.

난 그날 새벽 비바람 부는 알혼 섬 바위 아래 한참을 혼자 앉아 있었다. 그렇게 편안할 수가 없었다. 언젠가 김지하 시인이 이 언덕에 앉아 한국 영혼의 안식처라고 읊조렸다는 이야기가 실감이 난다. 이런 환경에서라면 무교적 심성이 우러나지 않을 수 없을 것 같다.

82

수렵, 채집 생활을 하며 항상 이동해야 했던 한민족은 늘 불확실한 상황과 맞닥뜨려야 했다. 내일은 무슨 일이 일어날까? 이 산을 넘어가면, 저 사막 너머에는 무엇이 기다리고 있을까? 예측할 수 없는 앞날에 대한 두려움, 불안 때문에 종교적 심성이 생길 수밖에 없다. 하늘을 믿을 수밖에 없다. 이렇게 해서 우리 조상은 초자연적 존재와 소통하는 샤머니즘의 기운이 강해지게 된다.

샤머니즘은 춤과 노래로 분출된다. 굿판을 보라. 굿은 신명 나는 노래와 격렬한 춤을 통해 신과 하나가 되는 의식이다. 술 마시고, 노래하고, 춤추는 것은 인간이 신을 환영하고, 신과 가까워지려는 행위이다. 아주 몽롱한 트랜스(trance, 최면에 걸린 듯 몽환적 상태)에 빠진다. 한국인처럼 음주가무를 좋아하는 민족이 또 있을까? 텔레비전, 라디오 프로그램을 통틀어 우리만큼 노래 프로그램이 많은 곳도 없다.

몇 해 전 과원들과 함께 내장산 단풍 구경을 간 적이 있다. 아줌마 부대와 한 버스였다. 고속도로에 오른 순간부터 춤과 노래가 시작된다. 산에 가서도 단풍 구경은 뒷전. 자리 펴고 신나게 음주가무를 즐긴다. 돌아오는 버스 안에서도 춤과 노래는 계속된다. 무려 16시간을 춤추고 노래한다. 흔들리는 고속도로 버스 안에서. 우리 아니고 이런 민족이 또 있을까. 이걸 합리적인 서양 사람이 어떻게 설명할 수 있을까. 불가사의한 현상이다. 술 마시고, 노래하고, 춤추면 신명이 절로 넘쳐 난다. 지칠 줄 모른다. 며

칠 밤 계속되는 굿판을 지켜보노라면 그 샘솟는 에너지 분출에 혀를 내두를 수밖에 없다.

한국인은 한번 신명이 나면 굿판의 무당처럼 물불 안 가린다. 새마을 운동, 88 서울올림픽, 2002 월드컵, 그리고 요즈음의 한류 열풍을 보라. 신명에 불이 붙으면 엄청난 힘을 발휘한다. 세계를 놀라게 한 한강의 기적, 그 바탕에는 한국인의 무교적 기질, 신명이 꿈틀거리고 있다.

신명이야말로 한국 경제 발전의 원동력이다. 한국의 리더는 한국인의 신명에 불을 붙일 수 있어야 한다. 1960년대 박정희라는 '큰 무당'이 나타나 한국인의 신명에 불을 붙였다. 잘살아 보자고. 무리도 있었다. 하지만 그게 오늘의 한국 경제를 있게 한 토대가 된 것을 누가 부인하랴.

좌뇌와 우뇌를 함께 쓰는
양손잡이_ 양뇌성

인간의 뇌는 좌뇌와 우뇌로 구성되어 있다. 좌뇌는 합리적이고, 지성적이고, 언어적이다. 우뇌는 감성적이고 이미지적이다. 우리가 사물을 처음 접할 때는 우뇌가 먼저 활동한다.

"저 여자 근사하군!"

이건 우뇌의 이미지적 사고다. 이름도 성도 모른 채 그냥 보기에 근사하다. 그런데 사귀다 보니 성격이 쌀쌀맞고, 인간성도 못됐다. 이건 좌뇌의 논리적 분석적 판단이다.

물건을 살 때도 마찬가지.

"이 물건 멋진데!"

우선 시각적으로 이미지적으로 끌리면 그리로 간다. 여기까진 우뇌다. 가서 브랜드도 보고, 값도 묻고, 내 주머니 계산도 하면서 살까 말까 따져본다. 이건 좌뇌다.

한국인은 이런 과정에서 시각적인 우뇌를 우선적으로 많이 쓰는 경향이 있어서 일단 보기가 좋아야 한다. 차를 살 때도 보기가 좋아야지 성능은 다음이다. 좌뇌형이 성능을 중시하는 것과는 대조적이다.

"기분이다, 내가 쏠게!"

이건 우뇌적·감성적 판단이다. 그러나 카드를 내미는 손을 붙잡고 "안 돼. 네 월급이 얼만데."라고 말리는 건 좌뇌의 이성적 판단이다.

좌뇌형은 체계적이며, 합리적이고, 논리정연하다. 수치와 계산이 빠르고 타산적, 경쟁적이다. 반면에 우뇌는 시각적이고, 감성적이고, 논리가 엉성하다.

좌뇌형 인간과 우뇌형 인간의 특징 비교

좌뇌	우뇌
언어적 사고 · 판단	시각적 · 이미지적 사고
이성 · 지성	감성
논리적 · 분석적	직관 · 감각적
합리성	비합리성 · 신비성
유교적	무교적

왜 인간에게 좌·우뇌의 기능상 차이가 생겼는지는 아직 명확히 밝혀지지 않았다. 확실한 건 그런 차이로 인해 정보처리가 훨씬 빠르고 정확해졌다는 사실이다.

뇌과학자들의 연구를 토대로 성격적·행동적 특징을 좌·우뇌에 따라 나눈다면 한국인은 어느 쪽이 더 우세할까?

우리는 대체로 우뇌형이다. 드넓은 초원을 달리는 데 세밀한 좌뇌적 특성은 무시해도 상관없다. 대충 감으로 살아도 문제가 없었다. 넓은 벌판, 말 위에 앉아 보라. 1백 리 밖이 훤히 보인다. 척하면 삼천리, 눈대중이 발달할 수밖에 없다. 까짓 몇 걸음 더 가도 덜 가도 그만이다. 치밀한 계산이 필요 없다. 대충 어림짐작으로 가면 된다.

지금도 우리의 공간 파악력은 세계인을 놀라게 한다. 이것이 바로 세계 고층빌딩 건설 사업도 우리 기업의 독무대가 된 배경이라고 할 수 있다. 활을 잘 쏘는 것도, 골프도 마찬가지다. 우리는 그저 눈으로 한번 흘깃 봐도 어느 정도 전후 배경을 파악할 수 있는 기막힌 통찰력이 있는 사람들이다. 그리고 순간적인 기민한 통합능력에서 누구도 우리를 따라오지 못한다.

그러다 조선 5백 년을 지배한 이성적 유교는 철저한 좌뇌 교육이었다. 그리고 지난 1백 년, 20세기 초 서구 영향의 일본식 교육. 그리고 해방 후엔 미국식 교육. 이 모두가 좌뇌형 교육이다. 해서 우린 필요할 땐 좌뇌도 같이 쓸 수 있는 양뇌형이 된 것이다.

조선 5백 년의 역사를 원망할 수도 있다. 쇄국 정책으로 나라를 빼앗겼고, 5백 년이나 문(文)이 무(武)를 지배한 탓에 나라를 지킬 힘조차 없었다. 하지만 다른 시각으로 보면 문의 시대였기에 그만큼 우린 고급 정신문화를 갖게 되었다. 예절, 충효, 겸양, 이성, 이런 전통은 무엇과도 바꿀 수 없는 소중한 우리의 정신문화 유산이다. 또한 유교의 이성적 사고는 근대화에 필요한 과학적 사고를 하는 데 결정적 역할을 해왔다.

따져보니 지난 1백 년 유럽, 일본·미국 등 20세기 산업사회를 이끌어온 선진국들의 교육을 우리는 안방에 앉아서 받을 수 있었다. 물론 여기엔 나라를 빼앗긴 가슴 아픈 역사가 있다. 하지만 뇌과학적 측면에서 본다면 기회였다. 우린 최첨단 좌뇌형 과학교육을 접하게 된 것이다. 우뇌형이지만 필요할 땐 좌뇌도 쓸 수 있는 훈련을 쌓은 것이다.

▮ 양뇌형 사람들의 강점

서부 영화에도 이름난 총잡이는 쌍권총이다. 한쪽 뇌를 쓰는 사람과 필요에 따라 양쪽을 다 쓰는 사람과는 싸움이 안 된다.

패션 시장을 보자. 아시아 패션의 메카 동대문 시장. 오늘 이탈리아 밀라노에서 신상품이 나오면, 내일 오후 동대문 시장엔 그보다 질 좋고 값싼 상품이 나온다. 어떻게 이게 가능할까? 우리의 직감이다. 이 디자인이 되겠다 싶으면 바로 팩시밀리나 이메일로 전송한다. 순간적인 직감으로 모든 게 척척 진행된다. 직감은 우뇌적 사고다.

디자인을 전송받으면 이때부터 좌뇌가 바빠진다. 어떤 천을 쓸 것인가? 재단은 어떻게? 재료비는 얼마나? 유통은 어떻게? 좌뇌로 계산하면서도 일은 진행되어 간다. 일단 시작하고 나머지는 상황에 따라 적절히 대처해 나간다. 동대문 시장의 신속, 유연, 과감성은 아시아 업계를 압도하고 있다. 하루에 신상품이 2천~4천 개가 나온다. 2만7천여 개의 점포가 거의 24시간 영업이다. 직조, 염색, 디자인, 기획, 제작, 홍보, 판매에 이르기까지 모든 게 원스톱 서비스! 우뇌와 좌뇌의 절묘한 합작품이다. 기민성에 섬세한 손재주까지, 어느 과정 하나 어설프게 빠지는 법이 없다. 세계인이 혀를 내두른다.

좌뇌적 성향이 강한 일본은 어떨까? 참고로 일본인은 80퍼센트가 좌뇌형이다. 따라서 우뇌 개발 서적이 서점에 많이 나와 있다. 일본은 죽어도 '대충'을 못 한다. 치밀하고 철저하다. 이 디자인이 잘 팔릴까 시장조사 하고, 트렌드 분석하고, 공장 섭외하고, 계약하고 회장 결재받고, 그러느라 한 달이 넘게 걸린다. 겨우 만들어 들고 나오면 이미 한국에서는 한바탕 휩쓸고 지나간 뒤다. 패션은 계절 싸움이다. 다른 어떤 산업보다 직감이 절대적이다. 이것

저것 재고 따지는 사이 벌써 유행이 지나버린다. 그래서 좌뇌형 사회인 영국, 독일, 캐나다, 일본은 패션이 없다. 물론 국력에 비해 상대적으로 패션이 약하다는 소리다.

대신 이런 나라는 지성적인 과학 문명이 발달한다. 문화는 뭐니 해도 우뇌형 국가다. 지중해 연안은 전형적인 우뇌형이다. 남부 프랑스, 이탈리아, 스페인. 여기가 인류 문화 5천 년의 발상지라는 게 결코 우연이 아니다.

패션만이 아니다. 우뇌와 좌뇌가 조화롭게 균형을 잡아만 준다면 세계 누구도 우리를 따라오지 못한다. 생각해 보라. 우뇌의 장점, 좌뇌의 장점이 더해지면 세상에 못 이룰 일이 뭐가 있겠는가. 우뇌에서 좋은 아이디어가 떠오르면 좌뇌가 이를 받아 며칠, 아니 몇 달 밤을 새우다시피 검증, 기획, 판매한다. 최고의 걸작이 나올 게 아닌가?

우리가 짧은 시간에 기적적인 경제성장을 이룰 수 있었던 것도 우뇌와 좌뇌의 절묘한 합작에 기인한다. 우리는 양손잡이. 우리가 그냥 우수한 게 아니다.

밤낮을 가리지 않고 **일한다**_ 근면성

내 고향 마을 앞집 할아버지는 일을 안 하면 배가 아팠다. 일하면 언제 아팠나 싶게 금세 멀쩡해진다. 그래서 할아버지는 비가 와서 논일을 나가지 못하는 날이면 새끼를 꼬아 짚신을 삼으며 아픈 배를 달래곤 했다. 요즘도 일을 안 하면 왠지 이상하고, 어디가 아픈 것 같은 일 중독증 환자들이 많다.

미국 유학 시절, 동료가 "You are killing yourself !(너는 너를 죽이고 있다!)"라며 걱정 어린 충고를 자주 해주었다. 나로서는 유별나게 부지런을 떠는 것도 아니고, 평소 내 생활 페이스대로인데, 미국 친

91

구들 눈에는 놀랍게 보였던 모양이다.

세계 어디를 가든 한국 사람의 근면성실함은 모두가 인정한다. 세계 곳곳으로 퍼져 나간 한인 교포들이 잘살고 있는 이유도 바로 부지런함 때문이다. 한국을 방문했던 미국 의원 중 한 명은 뉴욕 잡화상, 청과상의 80퍼센트를 한인들이 독점하고 있다면서, 한국 정부가 개입된 게 아니냐는 농담을 하기도 했다.

식료품이나 생활용품을 파는 잡화상, 야채상은 새벽부터 일어나 가게 문을 열어야 한다. 부지런하지 않으면 장사가 안 된다. 그 때문에 부지런하기로 소문난 유대인들이 독점하다시피 한 업종이었다. 그 악착스러운 유대인의 생활영역을 빼앗은 사람이 바로 한국인이다. 다른 상인들이 새벽 6시에 일어나 농장에서 야채를 가져오면 한국인은 새벽 4시에 일어나 싱싱하고 좋은 야채를 사다 판다. 장사가 잘될 수밖에.

▮ 부지런한 농사꾼의 정신

도대체 우리는 언제부터 이렇게 근면한 민족이 된 걸까? 드넓은 벌판을 거침없이 달리던 우리 민족이 한반도에 정착, 농사를 지으면서 말을 버리고 소를 기르기 시작했다. 기마유목민족에서 정착 농경 민족으로 탈바꿈한 것이다. 농경문화의 가장 큰 특징은 바로 근면성이다. 부지런하지 않으면 농사를 지을 수 없고 생존할 수조차 없다.

해만 뜨면 논밭으로 나가 하루 종일 일을 해야 겨우 입에 풀칠이라도 할 수 있었다. 산비탈을 일궈 농사를 지으려면 가히 살인적인 노동이 필요했다. 특히 벼농사는 쉴 새 없이 손이 가야 한다. 오죽하면 씨를 뿌려 거둘 때까지 88번 손이 든다 하여 쌀 미(米, 풀어 쓰면 八十八이 된다)자가 됐다고 할까. 게다가 시시각각 변하는 기후 때문에 어느 시한 안에 정해진 일을 하지 않으면 농사를 망치기 십상이다. 게으른 사람은 굶어 죽기 딱 좋은 땅이 바로 한반도였다.

열대지방은 어떤가? 따뜻하고 온화한 날씨에 절로 익는 과일이 지천에 널려 있다. 끼니가 되면 따 먹으면 그만이다. 힘들여 일할 필요가 없다. 이들에겐 '모은다'는 개념도 없다. 날씨가 더워 바로 썩어 버리니 모을 수도 없고, 모을 필요도 없기 때문이다. 그래서 부자가 없다. 물론 거지도 없다. 우린 다르다. 죽으라고 일해 쌀 한 톨이라도 더 모아야 한다. 내년에 가뭄이나 홍수가 안 들란 법이 없다. 자칫 굶어 죽을 수도 있다. 모으고 쌓아 놓지 않으면 앞날을 보장할 수가 없다. 우리에게 부지런함은 생존 그 자체였다.

그렇게 수천 년 동안 농경 생활을 해오면서 근면, 성실은 한국인의 제2의 천성이 되었다. 세계에서 제일 일을 많이 하는 나라, 부지런한 일본인을 게을러 보이게 만든 사람이 바로 우리다. 근면은 폐허 위의 한국을 오늘날 세계 10위권의 경제대국으로 만든 원동력이다. 1960년대 독일에 파견된 광부와 간호사, 1970년대 열사(熱沙)의 땅 중동에서 땀 흘린 건설인들, 공장의 직공들이 있었기에 그 짧은 시일에 기적적인 경제성장을 이룰 수 있었다.

사우디 건설 현장에서 한밤중까지 횃불을 켜들고 야간공사를 하는 장면을 보고 그곳 왕자가 놀라 기절했다는 해프닝도 우리의 근면성을 보여주는 일화다. 24시간 3교대 하면서 쏟아내는 성실과 근면이 지금 중동에서 일어나는 한류의 원동력이라고 문화인류 학자이자 중동전문가인 이희수 교수는 강조한다.

몇 해 전 여름, 목포 대우조선소에 강연차 갔었다. 조선 현장은 온통 불가마 같았다. 특히 철판에 용접하는 공정이 가장 힘들어 보였다. 그 벌집 같은 통(그들은 '셀'이라고 불렀다) 속 온도가 섭씨 63도다. 달걀프라이가 될 정도의 뜨거운 온도다. 직공들은 우주복 같은 복장을 하고 그 안에 찬 공기를 불어넣어 주곤 있지만 살인적인 더위를 막아 내지는 못한다. 이렇게 힘들게 번 돈으로 우리 국민이 편히 먹고살고 있구나. 근면, 성실 앞에 한없는 존경심이 절로 우러난다. 난 그날 밤 대강당에서 가족과 함께 강연을 들으려고 모인 직원들에게 "애썼습니다. 감사합니다."라고 정중히 인사를 드렸다.

지금도 마찬가지. 한밤중에도 도심의 빌딩에는 불이 환하게 켜져 있다. 우리 공장은 24시간 돌아간다. 동네마다 24시간 문을 여는 편의점들이 즐비하다. 정말 못 말리는 사람들이다.

더 높은 곳을 향해
나아가는 의지_ 상향성

한국의 놀라운 발전의 바탕에는 우리 민족의 끝없는 상향성(上向性)이 자리하고 있다. 끝없이 오직 위를 향해 가는 기질이다. 누가 발전을 마다하랴만 우리 민족의 상향의식은 유별나다. 사촌이 논 사면 배 아픈 게 우리다. 우리는 샘이 많다.

"나도 사야지!"

이를 깨문다. 그리고 죽어라고 한다. 끝내 이루어내고야 만다. 시기, 질투. 내가 못 올라가면 남을 깔아뭉개서라도 올라서야 직성이 풀린다. 거기엔 동질의식, 평등의식도 강하게 작용한다. 남보다 조금이라도 뒤처지면 못 견뎌 한다. 기어이 따라 잡고야 만다.

내가 인도에서 놀란 건 그들의 철저한 카스트제도(출생 신분에 따라 계급이 나눠지는 사회제도)다. 공항에서 비행기 표를 끊으려고 줄이 길게 늘어섰다. 흰 터번을 두른 브라만(카스트제도에서 가장 높은 위치를 차지하는 승려 계급)이 나타나더니 제일 앞으로 가 먼저 표를 끊는다. 너무도 당당하다. 전혀 미안해하는 기색이 없다. 더욱 신기한 건 누구 하나 불평하는 사람이 없다는 것.

"아니, 어떻게 저럴 수가?"

내 입에서 반사적으로 튀어나온 불평이다. 한데 주위에선 모두 이상하다는 표정으로 나를 쳐다본다. 당연한 걸 왜 불평하느냐는 투다. 우리 같으면 난리가 났을 것이다.

하지만 그곳 사람들은 체념한 듯 아주 편안한 모습이었다. 카스트제도의 철저한 노예가 되어 버린 것이다. '그래서 이렇게 발전이 더딘 건가.' 혼자 속으로 해본 소리다. 사촌이 땅을 사면 배가 좀 아파야지, 그래야 어떻게 해서든 발전이라는 게 있을 것 아닌가.

▮ 신분상승의 꿈을 교육에 싣다

하긴 우리도 신라시대의 골품제도에서 조선의 반상제도까지 철

96

저한 계급사회였다. 그런데도 인도의 카스트제도와 무엇이 다를까. 안동 하회탈춤이 이런 내 궁금증에 대한 해답을 보여준다. 우리는 탈춤으로 양반을 희롱하고, 반상제도를 풍자한다. 둘러선 사람들이 통쾌하게 웃는다. 계급에 억눌려도 오기는 살아 있었던 것이다.

그러다가 조선이 붕괴하면서 모두에게 상향의 기회가 주어졌다. 여기서 그 한풀이가 시작된다. 모든 국민이 양반이 되고 모든 국민이 벼슬을 할 수 있다. 공부하는 만큼, 노력하는 만큼 올라가기 때문에 소를 팔아서라도 아이들 공부만큼은 꼭 시켰다. 이게 한국의 상아(象牙)탑이 우골(牛骨)탑으로 둔갑한 사연이다. 억눌린 오기가 폭발한 것이다.

우리의 끝없는 상향의식. 거기엔 유교적 가르침도 큰 몫을 했다. 농사일만으로는 발전이 없다. 농사란 게 어제나 오늘이나 달라질 게 별로 없다. 한국 농경사회에서의 성공, 출세의 길은 오직 과거급제뿐. 고을마다 과거 공부에 매달린 유생들로 들끓었다.

그건 지금이라고 다르지 않다. 고시 합격이야말로 청운의 꿈이요, 조상 대대로 한을 푸는 일이다. 지금도 고급 관료는 우리에겐 한 서린 꿈이다. 세계적인 한국의 교육열도 여기서 비롯된다. 끝없는 상향성이 부채질하고 있다.

필자가 고1 때 한국전쟁이 일어났다. 기습전에 속절없이 당한 우리 군은 후퇴에 후퇴, 이윽고 낙동강까지 물밀듯 밀려왔다. 대구의 우리 학교는 미 5공군에 내어주고, 우리는 지금의 동대구역 근처 기왓굴에서 공부했다. 그 난리 통에 무슨 정신으로 학교는 열었는지, 지금 생각해도 우리 한국 정부의 배포는 놀랍기만 하다. 북쪽으로 낙동강, 남동쪽으로 영천에서 대포 소리가 들렸지만 그래도 수업은 진행됐다. 학교를 연 정부나, 그래도 학교에 보낸 학부형이나 모두가 못 말릴 사람들이다. 포탄에 아이들이 다치기라도 했다면 어쩌려고.

전쟁 중에도 우리는 간다. 언제나 위를 향해, 그리고 그 목표는 끝이 없다.

끝까지 하다 보면
하늘도 내 편이 된다_ 긍정성

지난 5천 년, 우리는 무려 931번의 외침을 당했다. 그 난리 통에도 우리는 나라를 지켜 왔다. 그 수많은 위기 속에서도 꺾이지 않았던 비결은 무엇일까. 많은 이유가 있겠지만 우리의 긍정성도 빼놓을 수 없다.

'호랑이 굴에 물려가도 정신만 차리면 산다.'

우리는 어려움 속에서도 의지만 잃지 않으면 언제나 다시 일어설 수 있다는 것을 믿었다.

몇 년 전 지인들과 판문점 견학을 갔을 때 일이다. 견학을 마치고 돌아오는 길, 늦은 점심에 소주 한잔을 걸친 탓인지 분위기가 제법 고조되었다. 흥겨운 분위기 속에 이야기가 오가는데, 내 옆자리 미국 친구가 굳은 얼굴로 연방 고개를 내젓는다. "왜 그래?" 하고 물으니 "왜 그러냐니, 당신은 괜찮아?"하고 반문한다.

금방이라도 전쟁이 터질 것 같은 긴장, 그 휴전선을 뒤로하고 오는 한국 사람들이 어쩌면 저리 태평할까? 외국인으로선 도저히 이해가 안 되는 모양이었다. 우린 정말 괜찮은 걸까? 생각도 하기 싫은 건지, 아니면 절대 그럴 일이 없다는 것인지, 그도 아니면 아무래도 문제없다는 뜻인지….

어느 쪽이건 우리는 매사에 나쁜 일에는 미리 신경 쓰지 않는다. 닥쳐야 허겁지겁이다. 지난 연평도 포격사건 때도 그랬다. 북한의 도발을 감지했으면서도 닥치기 전까지 마냥 두 손 놓고 있었다니, 참으로 대책 없이 낙천적인 민족이다. 설마가 사람 죽인다더니, 우린 정말이지 예방이란 개념이 부족하다. 미리 대비하지 않는다.

'산 입에 거미줄 치랴.' '하늘이 무너져도 솟아날 구멍이 있다.' 우리에겐 유난히 긍정적이고 낙천적인 속담들이 많다. 속담만 많은 것이 아니다. 실제로 우린 미련스러울 만큼 낙천적이다. 이런 낙천적인 기질 바탕은 강한 긍정성 없이는 성립될 수 없다. 모든 건 잘될 것이라는 근거없는 확실함이다. 세브란스 병원 국제 진료센터 소장인 존 린튼은 한국인의 낙천성에 대해 이렇게 말한다.

"한국인은 가난하던 시절부터 없이 살면서도 한없이 낙천적으로 살아왔으며, 내 것 네 것 없이 살림을 나눠 쓰는 너그러운 인심을 가지고 있다. 이는 서양인의 합리적 사고틀로는 도무지 이해할 수 없는 마음 씀씀이다. 정이 많아서일까? 하긴 한국인이 말하는 '정'에 딱 들어맞는 영어단어는 없다."

▌긍정의 힘이 내 안에 있다

언제나 어렵고 넉넉잖은 우리 형편에 어쩌면 저렇게 긍정적이고 낙천적일까? 뭘 믿고 저러는 걸까? 대답은 간단하다.

우린 유사 이래 내내 어려웠기 때문이다. 믿을 데라곤 없었기에 그렇게 될 수밖에 없었다. 하늘이라도 믿어야지, 천운에 맡기는 수밖에 없었다.

해마다 몇 차례 겪어야 하는 태풍의 위력 앞에 우리가 할 수 있는 일이라곤 아무것도 없다. 무사히 지나가기만을 빌 뿐이다. 십년 가뭄에 누군들 뾰족한 수가 있겠는가. 기우제나 정성껏 드리고 하늘의 처분에 맡길 수밖에. 이런 우릴 보고 과학적인 서구사람들은 웃는다.

"인공강우기술이라도 연구해야지. 돼지 머리 앞에 절한다고 비가 오나?" 하긴 그것도 사실이다. 하지만 뭔가를 대비할 수 있는 게 있을 때 걱정도 하고 대책도 강구하지, 아무런 방법이 없는데 걱정은 왜 해? 자연의 이치에 따르고 순응하는 수밖에 없다. 그게 순리다.

하늘은 스스로 돕는 자를 돕는다. 우리는 하늘을 믿는다. 아무리 어려워도 하늘은 결코 우리를 외면하지 않는다. 하늘은 언제나 잘되는 쪽으로 되어 간다는 확실한 믿음이 있다. 이건 가히 종교적 신앙 차원을 넘어선 강한 믿음이다.

몇 해 전, 홍수로 뒤덮인 농토를 바라보며 허허롭게 웃는 늙은 농부의 천연한 모습은 지금 생각해도 인상적이다. "허허, 하늘이 시키는 걸 어쩌겠소." 저게 힘이구나. 저게 우리의 저력이구나. 농부의 초연한 품격 앞에 감탄과 함께 존경심이 절로 난다.

우리 민족의 낙천적인 기질은 결정적 순간, 진취성과 결합하며 그 위력을 발휘한다. 겁 없이 덤빌 수 있는 용기. 긍정성은 사람을 용감하게 만든다. 앞으로 다 잘될 건데 겁날 게 뭐가 있나? 불가능해 보이는 일도 일단 뛰어든다. 무조건 잘될 거라는 생각으로 밀어붙이다 보면 정말 안 될 일도 된다.

88 올림픽을 생각해 보라. 1980년대 초 우리나라 사정은 참 딱했다. 박정희 대통령이 암살되던 10·26사건 이후 군부갈등으로 정치는 불안했고, 나라 경제도 말이 아니었다. 그런 소용돌이 속에서 어떻게 올림픽을 유치할 생각을 했을까? 참 무모하리만큼

102

용감했다.

올림픽 개최지가 발표되는 긴장된 순간.

"세울(Seoul)!"

한국 관계자들은 의자를 박차고 일어나 서로 포옹하고 기쁨을 나누었지만, 그 장면을 텔레비전으로 지켜보던 나는 솔직히 착잡한 심경이었다. '이걸 어쩌지? 아직 걸음마도 못 뗀 아기에게 달리기하라는 꼴이 아닌가?'

하지만 나의 걱정은 기우에 불과했다. 우린 완벽한 준비로 훌륭히 잘 치러냈다. 전 세계가 감동했고, 한국의 위상은 껑충 뛰었다. '하면 된다'는 긍정성의 개가(凱歌)였다.

2009년 세계 경제 위기 때도 마찬가지. 얼마간의 충격기가 지나고 나면 우리는 또 특유의 긍정적 기질을 발휘, 오뚝이처럼 벌떡 일어섰다. 우리는 웬만한 시련으론 넘어지지 않는 강한 내공이 있다. 한국인의 DNA 속에 새겨진 긍정성이야말로 세계를 놀라게 하는 우리의 힘이다.

위기 앞에 휘어져도
꺾이진 않는다_ 유연성

하나의 민족 기질을 설명할 때 빼놓을 수 없는 것이 풍토성이다. 풍토는 단순히 기후, 토지가 아니라, 자연과 인간이 어울려 형성된 특유의 환경을 말한다. 그 때문에 풍토는 나라마다, 지역마다 다른 특색을 지닌다. 풍토에 따라 그 민족의 기질, 생김새도 달라지고 국민성, 민족성도 당연히 달라진다.

한반도는 북쪽으로 대륙에 연결되어 있고, 나머지 3면은 바다로 둘러싸여 있다. 바다에 막혀 도망갈 곳이 없는 막다른 나라다. 하지만 긍정적으로 바라보면 대륙 진출의 요충지요, 해상 교통의 요지로 무한한 발전 가능성을 가진 희망의 땅이다. 비슷한 지리적 조건을 가진 그리스나 이탈리아는 해양국가로서 세계를 주름잡은 역사를 가지고 있지 않은가.

기후는 어떤가? 사계절이 뚜렷한 온대지역, 기후변화가 변덕스럽긴 하지만 우린 잘 적응하며 살아왔다. 잘사는 나라들을 보라. 대부분 사계절이 뚜렷한 온대 지방에 있다.

문제는 반도라는 지리적 위치 때문에 덩치 큰 중국, 호전적인 일본 사이에서 끊임없이 침략을 받아 왔다. 그 틈새에서 지금까지 나라를 지켜온 것만도 기적이다. 강대국 사이에서 시달리다 보니 해양 국가로서의 적극성이나, 모험정신을 살려보지도 못한 채 가난과 압제로 점철된 수난의 역사를 벗어나지 못했다. 외부만이 아니다. 나라 안이 더 문제였다. 나라도 믿을 수 없다. 믿기는커녕 중앙 집권의 폐해, 지방 관리들의 악랄한 착취는 말로 표현할 수 없었다. 변 사또 같은 탐관오리 때문에 사람들은 산골짝으로 숨어들어 갈 수밖에 없었다.

그리하여 그 특유의 씨족사회가 형성된다. 남은 믿을 수 없다. 우리끼리여야 한다. 이런 과정에서 '우리' 의식은 점점 더 강해졌다. 외부의 적이 내부를 결속시킨 셈이다. 우리끼리라도 똘똘 뭉쳐야 살아남을 수 있었다. 그래서일까? 한국인처럼 우리라는 단어를 많이 쓰는 민족도 없다. 우리 집, 우리 식구, 우리 학교, 우리 회사…. 노상 '우리, 우리'다. '한우리' 안에서만 안전하다는 방어

의식의 발로다. 해서 우리는 '아는 사람' 아니면 배타적인 편이다. 폐쇄적이다. 우리 아닌 남은 적이다. 서로 쉽게 믿을 수 없다. 때론 피해의식까지 발동한다.

그래도 한 가지 신기한 건 강자에게 복종은 하되 완전 복종은 안 한다는 것이다. '나와 우리'의 중심은 확실하기 때문에 외부의 자극이 클수록 오기가 발동한다. 겉으로는 어쩔 수 없이 복종하는 척하지만 속은 아니다. 그 악랄한 일제 치하에서도 일본인으로 살아가기를 끈질기게 거부했던 오기, 서슬 퍼렇던 군사 정부 시절에도 우리끼리 모여 앉으면 정부와 대통령을 욕하는 오기. 한국인은 오기의 민족이다. 그리고 그 오기가 악조건 속에서 오늘의 경제대국을 만든 힘이기도 하다.

▌어느 상황에도 유연하고 조화롭게

이어령 교수는 한국의 반도적 기질을 중간성(中間性)이라고 표현했다. 중국의 기질은 대륙적이다. 무겁고, 중후하다. 일본은 섬세하고 세련되었다. 한국은 북쪽의 대륙성 기질과 남쪽의 해양성 기질의 중간이라는 것이다. 기막힌 표현이다.

나무로 비유하면 중국은 고고하고 뿌리 깊은 소나무, 일본은 대나무다. 텅 비어 있어 뭐든지 흡수를 잘하고 자기 것으

106

로 만들 수 있다. 칼만 대면 쫙 갈라지는 '앗사리(あっさり)' 기질이다. 한국은 수양버들. 휘청휘청하면서도 꺾이진 않는다. 우리는 센 놈한테 저항하지 않는다. 우리 형편에 큰 놈과 대결, 싸우려고 했다면 우리 반도는 지금쯤 공중분해 됐을지 모른다. 꾹 참고 비굴함도 삼키며 바람 부는 대로 흔들리며 저항하지 않았던 우리 조상의 슬기도 참 대단하다.

사대주의라고들 폄하하지만 그게 약자의 생존 비결이다. 바람 부는 대로 저항 없이 흔들리면서 바람이 잘 때까지 기다릴 줄 알았다. 세계 어느 강국도 한국을 영영 지배할 수 없는 건 우리에겐 이런 버드나무 기질이 있기 때문이라는 게 내 생각이다. 과언인가? 이게 약한 것 같으면서 강한 외유내강 한국의 힘이다.

버드나무는 또 뿌리가 얕다. 해서 어디든지 뿌리만 내리면 죽은 가지에도 싹이 튼다. 전 세계 어디를 가도 잘사는 한국인의 놀라운 적응력은 바로 이런 기질에서 비롯된 것이다.

세계 어디에도 반도국가의 운명은 순탄하지 않다. 바다에서 올라오는 적, 대륙에서 내려오는 적. 언제나 외침의 위협 앞에 놓일 수밖에 없고 나라가 반 토막으로 갈라지는 분단의 운명도 맛봐야 한다. 기민하게 상황 판단을 해야 한다. 민첩해야 한다. 대세를 잘 읽어야 한다. 센 놈한테는 아부도 할 수 있는 슬기도 있어야 한다. 어떤 시대 어떤 상황에도 적응할 수 있어야 한다.

한국인의 기막힌 유연성과 융통성은 여기서 비롯된다. 우리의 전통 의상인 한복의 바지저고리를 보라. 헐렁하고 넉넉해서 체구에 관계없이 누가 입어도 잘 맞는다. 대님만 매면 키가 작든 크든 자동 조정이 된다. 입고 있으면 그렇게 편할 수 없다. 주름질 걱정도 없고, 허리가 쪼일 일도 없다. 어떤 체형이든 수용할 수 있다.

우리의 보자기 문화도 그 포용성에서 단연 압권이다. 딱딱한 007 가방에는 작은 사과 한 알도 들어가지 않는다. 하지만 우리 보자기는 큼직한 호박도 쌀 수 있다. 기막힌 유연성, 융통성이다.

반도의 특성상 피침의 운명을 피할 순 없었지만 그러는 와중에 많은 문물을 접할 기회도 된다. 정보도 풍부하다. 한반도만 해도 18세기 말부터 일본, 중국, 미국 그리고 유럽까지 세계 문물이 물밀듯 들어왔다. 그 덕에 우리는 수많은 정변과 세계의 낯선 문화적 충격도 잘 소화하고, 적응할 수 있었다. 비록 1백여 년 동안 가난과 침략에 시달리며 수난의 세월을 보냈지만, 그게 오히려 산업화를 성공적으로 이끌어갈 수 있는 가교 역할도 해준 것이다.

우리는 약한 것 같지만, 약하지 않다. 강한 심지에 모든 걸 끌어안을 수 있는 포용성과 유연성까지! 북쪽의 대륙적 기질, 남쪽의 해양적 기질, 융통성과 뛰어난 적응력의 결정체가 한반도다.

4 장

한차원 높은
품격을 위한
7가지 덕목

Part 4

품격이란 기본적으로
바른 인성을 요구한다는 것을 앞 장에서 보았다. 바른 인성, 높은
도덕성이란 쉽게 말하면, 약속을 잘 지키고, 서로 배려하고 용서
하며, 베풀고 나눌 줄 아는 것이다. 굳이 설명하지 않아도 이미
학교에서 배웠고 누구나 잘 알고 있는 것이라 잔소리처럼 들릴진
모르겠다.

쉽고 간단한 것인데도 막상 사회에 나오면 실천하기란 쉽지 않
다. 너무도 치열한 생존경쟁에 쫓겨 인간으로서의 기본적 가치 규

범도 잊고 지내게 된 탓인지도 모른다. 하지만 어떤 역경에도 잊어
선 안 될 것이 품격이다. 그럴수록 더욱 살려야 하는 게 품격이다.
품격을 이루는 윤리적 인성은 그 범위가 넓어 하나하나 열거하기
조차 어렵지만, 우리 일상에서 부닥치는 일들을 중심으로 우리 사
회가 회복해야 할 일곱 가지를 정리해 보았다.

감정을 누르고
이성으로 행동하는, 절제

　　앞에서도 여러 번 지적했지만 우리는 너무 거칠다. 이건 물론 남자의 야성미와는 다른 차원이다. 우린 너무 직정적(直情的)이다. 속에 있는 걸 그대로 뿜어낸다. 합리적이고 이성적이어야 할 국회 토론도 그만 감정이 폭발, 난투극이 벌어지곤 한다. 그게 또 그대로 방송에 보도된다. 아이들이 볼까 두렵다.

　　우린 매사에 너무 감정적이다. 격정적이다. 톤이 높다. 남이야 있든 말든. 좁은 엘리베이터에서 왜 그리 목소리가 큰지. 슬픔을 토해낼 적에도 우린 땅바닥에 뒹굴며 대성통곡이다. 슬픔을 조용히 안으로 삼키며 남몰래 흘리는 눈물이 더 절절할 수도 있는데.

한국의 시위는 격렬하다. 길을 막는 건 예사고 유혈충돌, 방화, 투석. 보기만 해도 끔찍하다. 자기 회사 기물을 파괴, 불도 지른다. 구호부터 살벌하다. '결사쟁취'. 강한 의지를 보여줘야겠다는 의도이긴 하지만 합리적인 눈으로는 이해가 안 된다.

"목숨까지 걸다니….”

외국인 투자자가 발길을 돌리며 한 소리다. 그러곤 끝내 공장 문을 닫게 된다. 지켜보는 온 국민은 애가 탄다.

우리는 이처럼 매사에 절제가 부족하다. 어쩌면 절제야말로 인간으로서 지켜야 할 품격의 가장 중요한 요소가 아닐까 하는 생각이 든다. 그간 너무 억압의 세월을 살아서일까? 아니면 유목민의 야성적 기질이 순화되지 않은 채 그대로 분출되는 것일까? 참을성 없는 조급증의 발로일까? 고함을 치고 강도를 높여야 설득력이 있다고 판단해서일까? 목소리 큰 사람이 이긴다는 억지 사회의 산물일까? 어쩌면 이 모두의 합작품일 수도 있다.

우린 공격자극점이 너무 낮다. 살짝 건드리기만 해도 폭발한다. 뇌과학적으로 이런 상태를 '편도체 과열'이라 부른다. 편도체는 아주 원시적이고 동물적인 감정 중추다. 동물이 위험에 처했을 때 비상 체제를 발동, 위기에 잘 대처할 수 있게 하여 놓은 개체보존의 본능적 기관이다. 이런 위험 상황에선 인간적인 전두엽의 고급스러운 감정 중추가 맥을 못 추게 되어 있다. 생명이 위협

받는 이 중차대한 위기 상황에 무슨 체면이며 품격이랴. 절제의 중추 전두엽이 기능을 못하게 된다.

문제는 이런 위기가 아닌데도 쉽게 편도체 과열이 된다는 것. 뇌가 열을 받으면 사회생활에 여러 가지 부작용이 생긴다. 언어, 행동, 감정의 절제가 안 된다면 인간이 동물과 다를 바 없다. 불행히도 우린 가끔 이런 상황을 목격하게 된다.

"저것도 인간인가?"

더러 이런 말을 해본 적이 있을 것이다. 안하무인. 고래고래 고함을 질러대는 술주정도 절제 결핍증에서 비롯된다. 한두 잔 적당히 홍취가 돌면 됐지, 무슨 원수가 졌다고 곤드레만드레되어야 할까? 절제할 자신이 없으면 아예 술자리에 가질 말아야 하는 게 아닌가. 어쩌다 한두 번 실수야 있을 수 있다. 하지만 우리 사회는 아주 만성적인 절제 결핍증에 걸려 있다. 돈을 써도 화끈하다. 까짓, 내일은 삼수갑산에 가더라도 기분만 나면 막 쓴다. 깡통카드에 국민 경제가 위협받는 것도 그래서다.

보다 세련되고 섬세하며 우아한 품성이 발휘되면 좋겠다. 외교관의 의전을 이야기하려는 게 아니다. 우리는 모두 이런 부드러운 품성을 지니고 있다. 다만 걸핏하면 격한 감정에 휘둘려 발휘를 못 할 뿐이다. 다시 한번 차분히 마음을 가다듬어 보자. 범사에 절제의 슬기를 발휘하도록 조금만 애써 보자.

감정에 휘둘리면 이성적 판단이 안 된다. 이건 누구나 경험해 본

일이다. 감정의 절제가 안 되면 마음만 급해지고 무모하리만큼 저돌적으로 된다. 실수가 있을 수밖에. 좀 더 슬기롭게 모든 걸 순리적으로 풀어가려면 감정의 절제가 필수다. 말 한마디도 차분히 생각한 후에 해야 한다. 뛰고 나서 생각하지 말고, 차분히 생각하고 뛰어야 한다.

건강도 절제에서 시작된다. 과식, 폭식, 운동 부족, 그리고 다음은 만병의 근원 비만이 온다. 암, 고혈압, 당뇨병이 줄줄이 따라온다. 이 모든 게 절제 결핍에서 비롯된다.

더구나 21세기는 감성의 시대다. 정부에서도 안다. 제조업 수출로서는 한계에 와 있다는 것을. 고용창출도 되지 않고, 대기업만 살찌워 점점 사회 격차가 심각해질 뿐이다. 서비스 산업으로의 일대 전환을 하겠다는 게 정부의 방침이다. 이젠 우직한 장인 정신만으로는 안 되고, 세련된 서비스가 주목받고 있다. 서비스는 '기분 산업'이다. 섬세한 감정의 절제 없이 될 일이 아니다. 더구나 해외 고객을 끌어들여야 하는 고급 서비스 산업이 정착되려면 감동을 줄 수 있어야 한다. 교육, 의료 등 고급 서비스 산업엔 무엇보다 품격 있는 서비스가 필요하다. 세련된 감정의 절제로 외국인을 감동시켜야 한다.

의사로서 부탁이다. 조금만 다듬어 보자. 건강만이 아니다. 생활 전반에 절제의 슬기를 다듬어 보자. 그럴 수 있을 때 품격 있는 인간, 품격 높은 사회가 될 수 있다. 이게 진정 최고로 가는 길이다.

나와 다름을
인정하는, 포용

미국인과 결혼한 친구가 어느 날 뜻밖의 고민을 털어놓았다. 그의 아내는 금발의 백인, 전형적인 미국인이다. 두 자녀는 우연히도 아빠보다 엄마를 쏙 빼닮았다. 바로 그 점이 문제였다. 친구는 자신을 닮지 않은 아이들에게 좀처럼 정이 가지 않는다는 것이다. 의무감으로 안아주지만, 마음속엔 문득 남의 자식 같은 생각이 든다는 것이다.

내 친구가 유별난 인종주의나 민족주의자는 아니다. 미국인과 결혼까지 했으니 오히려 그 반대다. 문제는 우리가 너무 오랫동안 단일 민족이라는 의식에 젖어 살아왔다는 점이다.

그래서 우리는 나와 다르다는 것을 쉽게 인정 못 한다. '다르다'는 것에 대해 거의 알레르기 반응을 일으킨다. 워낙 같은 것에 익숙한 민족이어서 우리와는 생김새나 피부색이 다르다는 이유 하나로 대단히 배타적이다. 다름을 틀림으로 여기고 무조건 멀리한다. 이게 요즘 다문화 가정이 한국사회에 잘 융화되지 못하는 사연이다. 우리는 다름에 참 인색하다.

게다가 우리는 동료의식, 집단주의가 유별나게 강하다. 남들이 하면 나도 덩달아 '우르르—' 하고 따라간다. 유행이라면 자기한테 안 어울리는 옷도 입는다. 저런 옷을 왜 입었나 싶은데, 그래도 남들이 하니까 무조건 따라 한다. 자기 스타일이 없다. 개성을 살리지 못하고 항상 남의 눈을 먼저 의식한다.

몇 사람이 함께 중국집에 갔다. 모두 "자장면!" 하는데 "짬뽕!" 순간 좌중의 시선이 그에게 쏠린다. 모두가 '별나다'며 한마디씩 한다. 결국 모두 자장면이다. 개성이 용납되지 않는 사회다. 그러니 다름을 인정하는 데도 인색할 수밖에.

전 세계에서 다양성을 가장 잘 수용한 나라는 미국이다. 사실 미국에는 고유문화란 게 없다. 있다면 인디언 문화 정도. 그러나 미국은 수많은 다양한 문화를 수용하고, 자기 것으로 만들었다. 이민의 나라 미국. 전 세계 인종을 다 수용한 미국이다.

미국도 한때는 다양한 민족성, 기질, 관습, 문화 때문에 통일된 미국을 만드는 데 어려움이 많았다. 1960년대는 흑백갈등이 심각한 사회문제로 대두됐다. 만약 오바마가 50년 전에 선거에 나왔다면 대통령이 될 수 있었을까? 절대 아니다. 오랫동안 시행착오를 거치며 다양성을 인정하는 문화가 쌓여 왔기에 가능했던 것이다.

미국 명문대의 교육 기조는 다양성(diversity)의 인정과 수용을 바탕으로 하고 있다. 이건 인간으로서의 기본 소양이요 다양한 미국 사회 시민으로서, 더 나아가 글로벌 리더로서 반드시 갖춰야 할 덕목이다.

초창기 미국은 이른바 '용광로 정책'을 폈다. 피부가 까맣든 희든 미국에서 살면 미국적 양식과 상식을 가진 '미국 사람'이 되는 줄로 생각했다. 하지만 이 정책은 먹혀들지 않았다. 이탈리아 사람은 이탈리아 문화대로, 한국인은 한국 문화대로 살았다. 정책의 한계를 인정한 미국은 용광로 정책에서 '모자이크 정책'으로 전환한다. 모자이크는 모양, 색깔, 무늬가 다르지만 하나의 큰 틀에서 조화를 이룬다. 다양성과 각자의 개성을 있는 그대로 인정하고 수용한다.

몇 년 전 미국에서의 일이다. 한국인 아버지가 자신의 아이를 체벌, 법정에 서게 되었다. 미국 법대로라면 아무리 부모라도 아이를 때리는 것은 유죄이고, 실형을 받아야 한다. 당시 변호사는 한국 문화는 부모가 훈육이라는 이름으로 아이를 때릴 수 있다고 변론했다. 이것이 재판부에 받아들여졌고, 아버지는 무죄로 석방

되었다. 작은 사건이지만, 그 안에 담긴 의미는 크다. 미국법의 잣대로 재지 않고, 한국인의 전통과 정서를 인정해 준 사건이기 때문이다.

우리도 이런 미국의 모자이크 정책을 배워야 한다. 어떤 문화건 문화엔 우열도, 선악도 없다. 다만 서로 같고 다름만 있을 뿐이다. 이게 문화인류학자인 이희수 교수의 한결같은 주장이다. 우리는 단일민족이란 게 마치 우리의 자긍심인 양 떠들곤 하지만, 천만에다. 이제 그 틀에서 벗어나야 한다. 우리 사회도 다문화 가정이 빠른 속도로 늘어나고 있다. 소중한 우리의 이웃이자, 나와 똑같은 한국인으로 끌어안고 받아들여야 한다.

우린 지금 세계를 향해 달려가고 있다. 다양성의 인정은 세계로 나아가기 위한 필수 조건이다. 다양성을 인정하고, 수용하는 자세를 길러야만 세계인과 함께 호흡할 수 있는 진정한 교류가 가능해진다.

약간의 여유로도
함께 즐거울 수 있는, 배려

　　뉴욕 타임스 칼럼니스트인 니콜라스 크리스토프(Nicholas D. Kristof)는 그의 저서 『중국이 미국 된다(Thunder from the East)』에서 각국 사람의 기질을 재미있게 소개하고 있다.

> "미국인이 두 명 있으면 법적 맞고소가 일어나며, 중국인은 흥정을 하고, 일본인은 친절하게 인사말을 주고받으며, 싱가포르인은 학교성적표를 보자 하고, 대만인은 해외 이민을 의논하며, 스웨덴인은 섹스에 빠져들고, 한국인은 싸움을 시작할 것이다."

외국인의 눈에도 우리가 잘 싸우는 사람들로 보였나 보다. 우리는 자기 입장만을 고집하기에 급급하다. 남의 입장에서 생각하는 여유가 없다. 싸움이 날 수밖에 없다. 그 점에서 우리는 참 쩨쩨하다. 좁은 땅에서 아웅다웅 살다 보니 여유가 없어졌다. 경미한 자동차 접촉 사고만 나도 서로 핏대를 올리고 원수처럼 싸운다. 사소한 일에도 목소리를 높이고, 한 푼 손해 보랴, 아웅다웅한다. 아는 사람들끼리는 서로 돕고, 양보도 잘하는데 모르는 사람에게는 가차 없다. 남에게는 참으로 인색하다.

1992년 미국 LA에서 일어난 한국교포 상점 약탈 방화사건. 지금 생각해도 끔찍하다. 왜 한국인 상점만 당했을까? 그 옆에 중국, 일본 상점도 있는데, 왜 하필 우리만 피해를 입었을까?

때마침 LA에 머물고 있어서 원인 조사팀을 따라갔다. 한국인에 대한 민심이 워낙 사나운 터라 히스패닉계 목사와 함께 조사하러 다녔다. 늦은 밤 한국 식당에서 설렁탕을 먹으며 그 목사님은 어렵게 입을 열었다.

"이 선생, 당신 보고서에 이 말은 꼭 넣으시오. 왜 빈민촌 아이들이 한인 상점에서 콜라를 훔쳐 마시고, 신발을 훔쳐 신었는지."

처음엔 이 말이 무슨 뜻인지 잘 몰랐다. 그러나 그 의미를 알고 나니 부끄러워 차마 고개를 들 수 없었다. 한인 교포들은 빈민촌에 슈퍼마켓을 열어 번 돈으로 벤츠를 타고 백인 동네에 산다. 땡볕에서 땀 흘리며 길거리 농구를 하는 이웃 아이들에게 콜라 한 병

주는 법이 없다. 유행이 지나 창고에 쌓인 신발 한 켤레 준 적이 없다. 스크루지 영감이 따로 없다. 거기가 내 삶의 터전인데 이웃 아이들에게 우리는 너무 인색했다. 그 난리 통에도 평소 인정을 베풀었던 한인 상점은 아이들이 "이 집은 우리 친구야."라며 안전하게 지켜주었다고 한다.

한때 일본도 경제동물이라 불리며 국제사회에서 비난을 받던 때가 있었다. 우리도 그런 일본을 비판했었다. 그런데 지금 일본은 많이 달라졌다. 국제사회에서 상응하는 역할을 다 하기 때문이다. 세계문화유산 복구와 관리에도 엄청난 투자를 한다. 그 유명한 로마 성당의 천지창조 복원도 일본이 했다.

몇 년 전 앙코르 와트에 갔을 때 일이다. 세계 여러 나라가 곳곳에서 보수 공사를 하고 있었다. 독일, 미국, 프랑스, 일본. 그러나 한국은 없었다. '왜 우리만 없을까?' 이상한 생각에 관리사무실에 찾아가 물었다. 관리자는 퉁명스레 저길 보라며 기금 모금표를 가리켰다. 한국만 텅 빈 칸으로 있었다. 너무 창피해서 얼굴을 들 수 없었다.

웬만큼 살게 되었으면 불우이웃도 돌볼 줄 알아야 하고, 지역사회 봉사는 물론 문화행사에도 얼굴을 내밀어야 한다. 내 것, 우리 것만 챙기지 말고, 더 큰 공동체인 우리나라, 나아가 세계를 생각하는 넓은 도량을 갖춰야 한다. 바로 노블레스 오블리주의 실천이다.

사람들은 노블레스 오블리주는 부자나 사회적 지위가 높은 사람만 하는 것으로 생각한다. 천만에다. 이건 돈이 많건 적건, 사회적 지위가 높건 낮건 관계없이 우리 모두가 실천해야 할 인간으로서의 기본 덕목이다. 나보다 못한 이에게 내 것을 나눌 수 있는 마음만 있으면 된다. 주머니에 달랑 몇 푼밖에 없어도 자기보다 못한 사람에게 베풀 수 있으면, 그게 바로 노블레스 오블리주다.

지난번 아프리카 방문 때다. 탄자니아 원주민이 사냥에서 잡아온 포획물을 나눌 때 사냥꾼은 참여하지 않는다는 것이다. 젊은 남자로서, 전사로서 마을 사람들로부터 존경과 칭찬을 한몸에 받았으면 됐다. 고기 한 점보다 정신적 보상이 더 크다. 그들은 "일하지 않으면 먹지도 말라."보다는 "함께 책임지고 나눈다."는 가치를 더 소중하게 여긴다. 이보다 훌륭한 노블레스 오블리주가 또 있을까.

▎주변을 돌아보는 넓은 시야를 가져라

몇 년 전 지하철역에서 노숙자에게 자신의 스카프를 걸어준 여학생이 화제가 된 일이 있었다. 작은 선행이었지만, 그 기사를 보며 마음이 흐뭇했다. 큰돈을 기부한 것도, 사람의 목숨을 살려낸 것도 아니었지만 자기보다 못한 이에게 자신이 가진 것을 나누는 그 착한 마음이 우리의 양심을 울린 것이다. 이것 없이 품격을 말할 순 없다.

요즈음 우리 사회는 부자가 크게 존경받지 못하고 있다. 없는 사람이야 베풀지 않을 수도 있지만 있는 사람은 그래선 안 된다. 베풀어야 한다. 이게 가진 자의 의무요, 도리다. 반드시 해야 한다. 노블레스 오블리주는 원래 나라가 어려울 때 귀족이 솔선해서 나라를 구하는 정신에서 비롯되었다. 한데 우리 지도자는 어떤가? 본인도, 자녀도 병역의 의무를 다하지 않았다는 보도는 더 이상 놀랍지도 않다.

중소기업은 죽겠다고 난리인데 몇조 원을 쌓아놓고 있는 대기업의 횡포가 심심찮게 보도된다. 투자도 안 하니 일자리도 없다. 누구 덕에 번 돈인데? 부자가 베풀어야 존경을 받는다. 부자가 존경받는 사회가 되어야 한다.

부자가 부자다워야 한다. 그러려면 돈 버는 과정도 투명해야 겠지만 번 돈을 옳게 잘 쓰고 잘 베풀어야 한다. 요즈음 우리 사회는 격차사회로 몸살을 앓고 있다. 있는 자가 제 역할을 못하고 있기 때문이다. 누구 덕에 번 돈인데. 있는 사람들은 이 점을 분명히 새겨야 한다. 재벌 하나 키우는 데 정부는 온갖 특혜를 베풀고 우리 국민도 모두 함께 허리띠를 졸라맸다. 수많은 직원이 생산현장에서 밤낮없이 땀을 흘렸다. 재벌이 그냥 된 게 아니다.

124

국민의 희생을 담보로 쌓아 올린 것이다. 따지고 보면 있는 자는 있는 만큼 빚쟁이다. 당연히 갚아야 한다. 노블레스 오블리주라는 허울 좋은 구실을 이야기하려는 게 아니다. 이건 있는 자의 의무다. 이건 사회 정의다. 이건 가진 자가 지켜야 할 가장 기본적인 인간의 덕목이다.

이럴 수 있을 때 우린 그 천박한 자본주의에서 벗어나 '품격자본주의'로 진입할 수 있다. 이게 유일한 격차사회 해소법이다. 달리 대안이 없다. 그리하여 진정 부자가 존경받는 사회가 되어야 한다.

물론 이건 하루아침에 되는 일이 아니다. 유럽의 귀족, 재벌의 품격 있는 문화, 품격 있는 부자를 부러워하지만 거기엔 수백 년의 역사가 있다. 초창기 유럽 귀족들도 치졸한 졸부형태가 있었다. 얼마 전에 이탈리아 북부 스트래사에 있는 마조래 호수 안 보르메오 가문의 오래된 저택을 찾았다. 그 화려함에 모두 감탄을 연발했다. 하지만 내 눈엔 졸부의 치졸함이 영 눈에 거슬렸다. 돈이 넘쳐나도 그렇지 이렇게 화려하고 사치스러움의 극을 만들 수 있을까? 잠시 여름 별장으로 썼다는 이 집을 왜 이렇게 꾸몄을까? 이토록 아름다운 섬에 왜 괴물 같은 조각으로 주변을 둘러세웠을까? 그 넓은 침실에서 잠이나 편하게 올까?

돌아오는 배 안에서 이희수 교수와 나눈 대화다.

"우리도 지금 이런 수준입니다. 우리나라 부자 역사는 겨우

2~3대가 고작입니다. 기업의 초창기 설립, 확장기에는 정신이 없습니다. 그렇게 벌고 보니 어떻게 써야 하는지를 모르는 거죠. 졸부의 형태라고 비웃지만 유럽도 르네상스 이후 식민지로 갑자기 부자가 생기면서 졸부의 형태는 극에 달하죠. 차츰 부자들이 사회적 책임을 통감하면서 성숙한 부자 문화가 정착되기 시작합니다. 우리도 분명 나아집니다. 너무 역겨워 마십시오."

제발 그래야지. 그렇게 될 것이다. 세계 초유의 스피드로 산업 사회를 일구었으니 성숙한 부자 문화도 남들이 수백 년 걸린 걸 반세기 만에 일구어 나갈 것이라고 믿는다.

결과보다 과정의
가치를 알게 하는, 정직

얼마 전 정부에서 발표한 중소기업 육성책의 중요 사안 중 하나는 올해 세무조사를 하지 않겠다는 것. 얼마나 기업들이 세무 부정을 많이 저지르면 육성책으로 세무조사 면제를 할까? 우리 사회가 직면한 심각한 병폐가 정직 결핍증이다. 신문엔 온통 사기꾼 이야기로 넘쳐난다. 그 수법이 기막히다. 가히 천재 수준.

그간 우리 사회는 너무 불확실, 불안정 요소가 많았던 게 사실이다. 내일 일을 모르니 당장 어떻게 편법이라도 써야 살아갈 판이다. 거짓말이라도 해야 생존할 수 있었다. 하지만 그렇다고 막가는 삶을 살 순 없지 않은가? 올바로 살아야 한다. 올곧게 살아야 한다. 그게 끝내 이기는 길이다.

지금까지 우리는 과정보다 결과를 중요하게 생각해 왔다. 과정이야 어떻든 결과만 좋으면 다 괜찮다는 식이었다. 목표를 위해서라면 무리도 빚고, 부정·비리도 서슴지 않았다. 거짓과 부정을 저질러서라도 성공만 하면 된다는 사고방식이 공직자들 사이에서조차 만연해 있다.

기억하라. 인생은 길다.

살아보니 '인생은 참 길구나' 하는 생각을 하게 된다. 옛날에는 정말 인생이 짧았다. 그러나 지금은 그 두 배를 더 산다. 인생이 짧다고 생각하면 어떻게 해서든 빨리 성공해 보려고 거짓말도 하고, 사기도 치게 되겠지. 그러나 인생이 길다는 사실을 깨달으면 달라진다. 오래오래 살려면 정직하게 살아야 한다. 이 좁은 땅에서 사기를 친들 어디 도망갈 수 있겠나?

▍하나를 얻으려고 열을 버리지 마라

이제는 결과보다 과정을 중시하는 사회가 되어야 한다. 비록 실패하더라도 그 과정이 정직하고, 건강했다면 박수를 쳐주어야 한다. 얼마나 벌었느냐가 아니라 어떻게 벌었느냐가

128

중요한 사회, 원칙과 기본이 지켜지는 사회가 되어야 한다.

이제는 정직해야 성공하는 시대다. 그렇게 바뀌어야 한다. 세금을 정확하게 내는 기업, 국민에게 거짓말하지 않는 정치인이 성공하는 사회를 만들어야 한다. 진정한 선진국은 결과보다 과정을 중요하게 생각하는 사회다. 실패하더라도 하루를 얼마나 충실히 잘 살았는지에 따라 인생의 성패가 결정된다. 정직해야 성공하고, 정직해야 건강하게 장수한다.

인생은 마라톤 경주다. 그런 사람이 인정받고 성공한다. 다행히도 우리 주변에는 원칙대로 정직하게 살아가는 존경스러운 사람이 적지 않다. 기본을 지키는 사람이다.

50여 명의 뜻있는 분들로 구성된 '태평로 모임'이 있다. 우리 사회에서 원칙을 지켜 정직하게 산다는 게 쉽지 않다. 바른길을 고집하다 자칫 왕따를 당하는 수가 있다. 우리 모임은 이런 사람에게 '우리는 당신과 함께합니다'라는 패를 수여한다. 우리가 끝까지 당신을 지켜줄 테니, 그 뜻을 그대로 밀고 나가라는 의미이다. 우리는 그를 위해 글도 쓰고 강연도 해준다. 그가 좌절하지 않고 굳건히 살아갈 수 있도록 격려한다.

창립된 지 10여 년이 되었지만 그간 패를 받은 사람은 그리 많지 않다. 그래도 이 패 덕분에 그간 배출된 장·차관도 여럿이다. 우리 사회에 소금이 되고자, 어두운 현실에도 한 줄기 밝은 빛이고자 하는 태평로 정신에 박수를 보낸다.

사람에 대한 믿음을
저버리지 않는, 신의

　필자가 중학교 2학년 때 일이다. 체육대회에서 우리 반 아이들이 응원을 열심히 하지 않았다. 화가 난 담임선생님은 체육대회 다음 날 시험을 보겠다고 선언하셨다. 아이들은 왜 우리 반만, 그것도 체육대회 바로 다음 날 시험을 봐야 하느냐며 투덜댔다. 그러곤 모두 시험지를 백지로 내자는 '백지동맹'을 맺었다. 담임선생님은 학교에서 무서운 호랑이로 유명한 분이셨다. 그런 선생님께 감히 반항하다니 지금 생각해도 보통 배짱이 아니었다.

　시험 당일. 대부분의 아이들이 약속대로 답안지를 백지로 냈지만, 겁을 먹은 서너 명은 약속을 깨고 답안지를 써서 제출했다. 시험이 끝나자 선생님은 답안지를 쓴 아이들만 따로 불렀다.

'칭찬이라도 해주시려나?'

한데, 생각과는 달리 아이들을 복도에 꿇어앉히곤 무섭게 야단을 치는게 아닌가.

"백지동맹을 결의했느냐? 그런데 왜 친구를 배신했느냐? 친구를 배신한 놈이 나라를 배신 못하겠느냐? 너희 같은 배신자는 학교를 다닐 자격이 없다!"

선생님은 당장 퇴학 조치하겠다고 하셨다. 아이들 부모님까지 달려 와서 용서를 빌고 나서야 사건이 겨우 마무리되었다. 요즘 같으면 이런 사태가 어떻게 진전되었을까? 그 시절 경상도 남자들에게는 그만큼 신의와 의리가 중요했다. 의리를 지키기 위해서 목숨이라도 바칠 각오 정도는 되어 있어야 '사나이'라는 소리를 들었다.

▮ 한번 믿으면 끝까지 가 보자

신의(信義)는 오래전부터 우리 민족이 가치 있게 여겨 온 덕목이었다. 선비에게 신의는 반드시 갖춰야 할 품성 중 품성이었다. 생육신, 사육신의 이름은 지금도 역사에 찬연히 남아 있다. 청나라가 우리나라에 쳐들어왔을 때, 명을 버리고 청을 섬긴다면 공격하지 않겠다고 했지만, 우리는 거절했다. 명나라에 대한 신의 때문이었다.

우리는 한번 충성하면 끝까지 한다. 회사도, 친구도, 애인도 마찬가지. 당장 손해를 보더라도, 의리를 지키는 것이 무엇보다 더 중요하다고 생각하기 때문이다. 사랑도, 정도 없지만 오직 하나 의리 때문에 사는 부부들은 또 얼마나 많은가?

그런데 요즈음은 신의보다는 눈앞의 이익을 좇는 경우가 너무 많다. 한두 푼에 철새처럼 회사를 옮기는 사람들도 많고, 심지어 회사의 기밀을 돈 받고 경쟁사에 팔아버리는 일도 서슴지 않는다. 도움이 안 되는 친구는 아예 핸드폰에서 삭제해 버리고, 잘나가는 친구는 만나지 못해 안달이다.

우정도, 사랑도 의리보다는 실리를 먼저 따지는 세상이 온 것 같다. 신의에 죽고, 신의에 살던 그 시절이 그립다. 눈앞의 실리는 정말 눈앞에서 끝난다. 더 멀리 보고 생각한다면 지금 당장엔 손해 보는 것 같아도 신의에 투자해 보는 것도 어떨까 싶다

왜 시골 장터의 숨은 맛집이 몇십 년이고 이어져 올까? 비밀은 단골 유지. 처음처럼 맛이 한결같다. 좀 장사가 된다고 대충하지 않고, 처음 그대로 맛나게 손님과의 신의를 지켜오기 때문이다.

현역으로 새롭게
데뷔하기 위한 **필수, 배움**

　평균 수명 100세 시대, 인생은 참 길다. 필자 역시 이 나이까지 이렇게 건강하고 활동적일 줄 미처 몰랐다. 만약 알았다면 서두르지 않고 좀 더 차분히 준비했을 텐데 하는 후회가 들기도 한다.

　1996년 삼성 사회정신건강 연구소를 열 때만 해도 난 이미 환갑을 한참 넘긴 나이였다. '정년이 내일모렌데?' 사람들이 걱정스러운 눈으로 쳐다봤다. 나 역시도 그랬다. 기반이 잡히면 후배들한테 물려주고 은퇴를 해야지. 한데 웬걸, 정년을 넘겨 70세가 되어도 내 건강은 여전했다. 그래서 또 일을 벌인 게 자연의학 연구원, 그리고 홍천 선마을이다. '70세?' 사람들은 놀란다. 물론 말리기도 했다. 하지만 여기서 끝이 아니다. 77세, 주위의 만류에도 세로토닌 문화원을 시작했다. 다른 이유면 몰라도 나이 때문에 시작을 못 한다는 생각은 지금도 없다. 내 건강이나 창의성에 나 자신도 놀라고 있기 때문이다.

주위 사람들은 날 예외라고 한다. 행운아라고도 한다. 하지만 나 정도의 건강이라면 결코 기적도 아니요, 예외도 아니다. 이제 누구나 오래 산다. 앞에서 우리는 불행의 이유 중 하나로 고령화 사회, 불안한 노후를 꼽았었다.

늘어난 수명이 재앙이 아닌 축복이 되기 위해서는 준비가 필요하다. 그냥 오래 사는 것이 아니라 건강하고 행복하게 오래 살 준비를 해야 한다. 그래서 필요한 것이 바로 평생공부다. 공부도 때가 있다는 말은 이젠 옛말. 오래 사니까 평생 공부해야 한다. 80세, 90세까지 현역으로 뛸 준비가 되어 있어야 한다. 평생 현역으로 뛰기 위해선 시대가 원하는 새로운 기술, 새로운 자격증이 필요하다. 결국 창조적인 공부만이 살길이다.

▌ 노령화 시대, 공부의 의미

단지 생존을 위해 평생 공부하라는 것만은 아니다. 학창 시절의 공부는 오직 시험용이었다. 써먹을 데도 없는 이 공부를 왜 해야 하나? 회의도 들고 짜증도 났다. 하지만 나이 들어 하는 공부는 다르다. 이젠 하고 싶은 공부만 하면 된다. 공부도 즐겁다. 공부도 이젠 레저다. 그리고 책에서 본 지식이 실생활 문제 해결에 도움이 될 때도 있고, 익혀둔 영어 몇 마디로 길을 묻는 외국인과 대화를 나눌 수도 있다. 당장 써먹을 수 있다. '이 내용은 이 일을 할 때 도움이 되겠구나' 하고 실용방안을 생각하게 된다.

그뿐 아니다. 모르는 걸 알게 될 때, '아! 이래서 그랬구나' 하고 무릎을 치는 순간 우리 머리엔 불이 번쩍 켜진다. 뇌과학에선 이를 '아하(Aha!) 체험'이라 부른다. 이러한 지적 자극, 지적 쾌감이 우리 뇌를 젊고 건강하게 해준다. 그러면 당연히 몸도 젊고 건강하게 된다.

공부는 젊음과 건강을 유지시켜 준다. 공부를 하면 할수록 뇌는 활성화된다. 기억을 담당하는 해마의 신경세포가 증식되기 때문이다. 새로운 신경세포는 노화를 방지하고, 창의력을 높여준다. 공부할수록 집중력, 기억력, 이해력이 좋아지고 성취감, 자부심, 긍지가 생긴다. 그래서 나이가 들어도 창조적인 공부를 하는 사람들은 젊고, 건강하다.

우리 주변을 둘러보라. 교수, 연구원뿐 아니라 화가, 음악가, 예술 분야에 종사하는 사람들은 나이보다 훨씬 젊어 보인다. 겉모습만이 아니다. 사고방식이나 생활 습관도 젊다. 젊게 살고 싶다면 머리를 써야 한다. 창조와 공부는 건강, 의욕, 젊음, 성공, 그리고 행복을 안겨 줄 것이다.

▮ 에이징 파워(Aging Power)

이젠 고령자에 대한 생각도 바뀌어야 한다. 나이 든 사람을 무시하고 퇴물 취급하는 사회적 분위기도 문제지만, 우선 나이 듦에 대한 사고방식부터 바꿔야 한다. 그래야 막연한 불안감을 떨쳐 버리고, 의연하게 받아들일 건 받아들이고, 차분히 준비하면서 다가오는 미래에의 경쟁력을 기를 수 있다.

분명한 것은 나이가 든다고 신체적·정신적 능력이 결코 뒤지지 않는다는 점이다. 육체적 건강? 문제없다. 나이가 들어도 꾸준히 운동하고 관리하면 필요한 만큼의 근력은 얼마든지 유지할 수 있다. 물론 100미터 달리기처럼 전력 질주해야 하는 상황이라면 젊은이에게 뒤질 수밖에 없다. 하지만 일상생활은 100미터 달리기가 아니다. 몸을 잘 관리하면 나이가 들어도 일상생활에 지장이 있을 만큼 신체 기능이 저하되지 않는다.

정신적 건강은 어떨까? 나이가 들면 머리가 굳어진다는 말을 한다. 잘못된 생각이다. 굳는 것이라면 허리나 관절이지 머리는 아니다. 몸은 늙어도 뇌는 늙지 않는다. 쓰면 쓸수록 좋아지는 것이 뇌다. 나이 탓을 하며 머리를 안 쓰려 하다 보니 굳어지는 것뿐이다. 나이 들어 하는 공부가 오히려 잘된다.

사회적 능력 역시 나이가 들수록 성숙해지고 강해진다. 오랜 사회 경험으로 얻은 인맥과 정보력은 나이가 들수록 풍성해지기 때문이다.

예일 대학 베카레비 박사팀은 고령자가 사회로부터 부정적인 취급을 받고 있거나 혹은 그렇게 생각한다면 그것만으로도 건강을 해치고 끝내 비극적인 종말을 초래한다는 연구 결과를 발표했다.

사회가 어떻든 결국 열쇠는 내가 쥐고 있다. 나이 드는 것을 불안해하며 불행한 삶을 살 것인가? 아니면 긍정적인 맘으로 받아들이며, 미래를 위해 준비할 것인가? 어떤 경우에도 '이 나이에 무슨'이라는 한계 설정은 안 된다. 그 생각만으로 당신의 인생에도 한계가 온다.

한국인다운 세계인으로, 글로벌 마인드

프랑스 파리의 어느 호텔에는 '한국 단체 손님 사절'이란 간판이 나붙어 있다. 우리나라 단체 관광객들이 제멋대로 떠드는 통에 호텔에서 극약 처방을 내린 것이다. 우리는 모였다 하면 목소리가 커진다. 공항이건, 식당이건 가리지 않고 큰 소리로 웃고 떠들어 댄다. 오죽하면 호텔에서 거부까지 할까?

우리는 지금 '국경의 경계가 무의미한 시대'에 살고 있다는 사실을 자각해야 한다. 우리끼리 제멋대로 살 순 없는 시대다. '글로벌 스탠더드(Global Standard)'도 어렵게 생각할 것 없다. 딱 한 가지, '남에게 방해되는 짓은 하지 말자.' 이것 하나만 지켜도 호텔에서 문전박대 당하는 일은 없을 것이다.

IMF 때는 외제를 쓰는 사람들에게 손가락질하고, 외제차에 발길질을 해댔다. 우리나라가 경제 위기에 빠지고, 외화가 바닥난 이유가 수입품을 많이 써서라는 단순 논리가 발동했기 때문이다. 참으로 어이없는 일이다. 우리 역시 다른 나라에 수출해서 번 돈으로 먹고사는 수출국가다. 우리 것은 팔고, 남에 것은 안 사겠다면 어떤 나라가 우리와 장사를 하려 들까? 장사라는 게 내 것도 팔고 남 것도 사는 거지, 내 것만 팔아 내 배만 불리겠다니?

몇 년 전, 미국 신문에 난 기사 한 토막. 미국 대통령이 일본을 방문, 무역 역조가 시정될 수 있도록 협조를 당부했다. 조심스러운 일본 대표는 그냥 머리만 숙였다. 만찬 시간이 되어서야 일본 대표가 옆자리 미국 대표에게 슬쩍 말을 꺼낸다. 미국 셔츠 사이즈는 맞춰 입어도 소매가 길어 일본인이 입기 어렵다고. 일본은 미국에 차를 수출할 때 운전석을 바꾸고, 의자 높이도 긴 다리에 맞춰 조정하느라 아주 애를 먹는다는 말도 덧붙였다. 이 말에 미국 측 대표는 할 말을 잃었다. 그는 신문에 기고하면서 행여 미국 우월주의에 빠져 상대 입장이나 형편을 이해하려는 태도가 부족한 건 아닌지 진지하게 생각해 봐야 할 것이라고 말을 맺었다.

남의 일이 아니다. 세계를 상대로 장사를 하는 우리다. 우리가 세계 모든 나라의 풍습과 문화를 다 알 수는 없지만, 이해하려는 노력은 해야 한다. 우선 세계를 향해 마음의 문을 열어야 한다.

세계화라는 말은 그냥 하는 소리가 아니다. 따지고 보면 온전히 우리 것은 별로 없다. 삼성전자, 현대자동차, 포스코…. 한국의 간판 기업들 역시 외국 지분이 50퍼센트를 훌쩍 넘는다고 한다. '처음엔 이게 무슨 망신인가?' 솔직히 자존심이 상했다. 그러나 이건 우리만이 아니다. 세계적으로 알려진 회사 치고 순수 자국 회사는 없다. 이건 세계적인 흐름이다. 그러니 더더욱 세계인으로서의 정체성(identity)을 키워 나가야 한다. 폐쇄적인 국수주의로는 설 자리가 없다. 지금 세계는 새로운 유목 사회로 변화하고 있다. 기존의 국가 경계선 안의 정착생활에서 벗어나 세계 곳곳을 자유롭게 떠돌아다니는 자유인이 10억 명이 넘는다. 이제 인종과 국경은 중요하지 않은 시대다.

▮ 글로벌리즘 vs 로컬리즘

'지구촌, 세계는 하나, 우주선 지구호….' 여기저기 글로벌리즘(Globalism, 국제주의)의 의미를 담은 말들이 자주 쓰인다. 그만큼 글로벌리즘이 경제적으로나 정치적으로 효율적이기 때문일 것이다.

그러나 반대로 한번 생각해 보자. 효율 면에서는 좋을지 모르겠지만, 이렇게 세계가 하나의 시스템으로만 움직인다면 어떻게 될까? 장미가 아름답지만, 온 세상이 전부 장미로만 꾸며진다면? 생각만 해도 끔찍하다.

바야흐로 글로벌리즘의 시대. 세계가 하나의 사회로 엮여 있다. 이제 국제인으로 살아가려면 영어는 필수라고 말한다. 아주 틀린 말은 아니다. 하지만 영어만 잘하면 국제인이 될 수 있을까?

나는 영어에 자신이 있는 편이다. 미국 유학생활도 했었고, 일 때문에 해외에 나갈 일도 많다. 하지만 미국에 가니 나보다 영어 잘하는 사람들이 부지기수로 많더라. 당연하다. 난 한국인이고, 그들은 미국인이니까. 미국인이 영어를 잘하는 게 당연한 것처럼 한국인이 영어를 못하는 것도 당연한 일이다.

그런데 요즘 우리나라는 영어를 못하면 무슨 큰일이라도 날 것처럼 야단이다. 어른 아이 할 것 없이 영어만이 살 길이라는 듯 영어 공부에 매달린다. 엄마 배 속에서부터 태교로 영어를 하고, 전 과목을 영어로만 수업하는 초등학교도 있다. 대학마다 영어 강의를 개설한다고 난리다.

한국 사람은 영어를 배우기 전에 먼저 국어부터 잘해야 한다. 언어는 곧 사고다. 한국 사람이 영어로 사고할 수는 없다. 한다고 해도 깊이 있는 사고가 이뤄지기 어렵다. 그리고 한국어를 잘해야 머리가 좋아진다. 항공대 최봉영 교수의 주장이다. 이건 뇌과학적으로도 일리 있는 주장이다.

나도 영어로 강의할 때가 더러 있는데, 솔직히 우리말로 강의할 때의 70퍼센트 정도밖에 전달하지 못한다. 미묘한 표현과 감정의 차이까지 전할 수가 없으니 그냥 맥 빠진 강의가 된다. 재미도 없어진다. 영어 강의를 듣는 학생들은 또 어떤가? 내가 전달하는 70퍼센트의 또 70퍼센트 정도밖에 알아듣지 못한다. 결국 학생들은 전체 강의 내용 중 50퍼센트도 흡수하지 못하는 셈이다. 얼마나 비효율적인가?

한국인은 한국인다워야 하고, 아프리카인은 아프리카인다워야 한다. 21세기는 로컬리즘(localism, 지역주의)의 시대다. 그게 글로벌리즘으로 가는 길이다. 세계 각 민족, 각 지방, 각각의 전통·문화·정서를 서로 존중하고 키워 나가야 한다.

로컬리즘이야말로 진정한 국제인을 키운다. 인류애부터 가르치면 안 된다. 인류애 이전에 가족애, 향토애, 조국애를 먼저 가르쳐야 한다. 이게 순서요 순리다. 그래야 옳게 배운다. 한국말, 한국 역사, 한국 문화부터 배워야 한다.

세계는 오케스트라다. 오케스트라는 바이올린, 첼로, 비올라 등 여러 가지 악기들이 모여 각자의 소리를 낼 때 진짜 아름다운 연주가 이루어진다. 바이올린이 첼로 소리까지 내려고 하면 오케스트라는 엉망이 되어 버린다. 로컬리즘이 먼저고 그다음이 글로벌리즘이다. 글로벌과 로컬을 합성한 '글로컬(Glocal)'이란 신조어가 생긴 것도 그래서다.

5장

품격을 위해
버려야 할
7가지 불안

Part 5

　　　　　　　　　　다시 한번 돌아보자.
내가 지금 어디에 서 있는가를. 자만도 말고, 폄하도 말고, 있는
그대로 냉정히 객관적으로 바라보자. 그렇다. 우린 달라졌다. 모
든 면에서 좋아졌다. 우리도 의식 못하는 사이에 생활수준이 놀랄
만큼 좋아졌다. 굳이 전쟁의 폐허와 비교하지 않더라도 20년 전,
10년 전에 비해 월등히 좋아졌다. 그걸 단지 인식하지 못하고 있
을 뿐이다.
　우린 으레 자신을 폄하하는 못난 습관이 있었다. 오랜 상처로

인해 얼룩진 자신의 모습만이 부각되기 때문이다. 내 안의 위대함을 인식해야 한다. 남과의 비교도 말자. 나는 나라는 확고한 자아 인식도 필수다. 물적, 외형만의 잣대도 안 된다. 그것만으로 자신을 폄하할수록 자신을 부정할수록 점점 침울의 늪으로 빠져든다. 자신을 바로 보자.

정상에 오르지 못하면
실패한 게 아닐까

산을 오르는 사람에겐 여유가 없다. 숨이 턱까지 차는데 달리 무슨 생각이 나랴. 발 아래 핀 꽃 한 송이에도 눈길을 줄 여유조차 없다. 이웃과 인사는커녕 누가 먼저 오르나 은근히 경쟁이다. 안간힘을 쓰느라 괴롭기만 하다.

이게 후발·개발도상국의 소위 '등산 심리'라는 것이다. 우린 지금도 계속 정상을 향해 기를 쓰고 오르고 있다. 오직 정상을 향해 아등바등한다. 마치 등산 경주나 하듯 쉬지도 않고 밤낮이 없다.

지금도 한국의 노동 시간은 단연 세계 최장이다. 늦은 밤까지 야근에 시달리다 보니 스트레스 해소합네 하고 2차·3차를 달린다. 누구 한 사람이 죽을 만큼 취하지 않으면 집에 돌아가지 않는다. 아마 이 지구상에 우리만큼 밤 문화가 새벽까지 요란스러운 나라는 없을 것이다. 한국인의 68퍼센트가 밤 12시에도 잠자리에 들지 않고 있다니 말이다.

아침 지하철 풍경은 너무 안타깝다. 반 이상이 졸고 있다. 피곤한 퇴근길이면 또 몰라도. 전쟁을 치르러 가는 병사가 저러고 있으니 한심한 생각까지 든다. 한국 7대 사회정신병리 중 하나가 만성피로 증후군이다. 이러고도 효율적 생산 활동이 된다면 기적이다.

얼마 전 현대차 미국 현지 공장의 생산성이 국내 공장보다 두 배나 높다는 기사가 보도됐다. 노동시간이 길다고 생산성이 높은 건 아니다. 과학적인 휴식과 노동의 배분이 중요하다.

▮ 이제부턴 여유 있게 오르자

언젠가 어느 경제 칼럼에서 목표설정 이론이라는 걸 읽은 적이 있다. '골-세팅 이론(Goal-Setting Theory)'이라는 근사한 이름으로 불리는, 어느 경제학자가 만든 이론이다. 벌목공의 노동효율을 올리기 위한 전략이다. 상위 10퍼센트가 달성한 성과에 맞춰 다른 직원들의 목표치를 설정했더니 모두가 그 목표를 이루었다는 것이다. 성과가 껑충 뛸 수밖에. 임금을 올리지 않고 노동력을 늘리지 않아도 생산성이 껑충 뛰었으니 경영자 측에선 이보다 좋은 전략이 없다. 이 이론을 1970년대부터 모든 기업이 도입, 재촉과 압박수단으로 교묘하게 발전시켜 왔다.

하지만 최근엔 거기에 한계가 왔다는 걸 영리한 경영진들이 인식하기 시작했다. 이런 쥐어짜는 압박수단으로서는 건전한 기업문화도 기대할 수 없고 창조적 능력 발휘나 임직원의 사기, 건강에까지 심각한 적신호가 오기 시작한다. 그리고 실패하면 실패자라는 엄청난 스트레스가 따르고 그 대가가 너무 참혹하다. 직원의 건강이 무너지고 창조도 사기도 고갈이 난 상태라면 이 기업의 미래는 뻔하다.

다행히 이런 능률지상·목표지상·효율지상주의는 이젠 슬슬 자취를 감추기 시작하고 있다. 효율 문화에 쫓긴 인간 소외 문제는 철학자의 한가한 논쟁을 떠나 이제 현실로 다가서고 있다.

불행히도 우리 기업은 지금도 이런 잔재들이 많이 남아 있음을 목격하게 된다. 필자가 『걸어가듯 달려가라』를 쓰게 된 데는 이런 시대적 배경이 깔렸다. 이제 우리도 목표가 얼마나 높은가보다 어떻게 그 목표를 달성하느냐는 과정이 더 중요하다는 인식을 해야하는 시점이다. 이젠 소비자도 영리하다. 그리고 더 이상 약자가 아니다. 현명하고 가치 있는 선택을 해 그들의 힘을 보여주기 시작했다. 건전한 기업 문화가 없는 노동착취형 기업의 상품은 아예 외면한다. 기업에도 품격이 있어야 한다. 실제로 성공한 기업에는 높은 품격이 있다.

등산을 시작한 이상 목표는 정상인 게 옳다. 이게 인간의 본능이요, 발전의 힘이다. 특히 상향성이 강한 한국인에게 정상은 반드시 이루어야 할 지상과제다. 고통을 이겨내고 드디어 정상에 오른 만큼 그 기쁨은 환희의 절정이다.

그래 이거다. 내가 하고 싶은 말은 바로 '여기가 정상'이라는 것이다. 지금 나와 당신이 서 있는 곳이 정상이라는 말이다. 한데 당신은 지금 정상에 오른 기쁨을 만끽하고 있는가? 아니, 정상이라는 사실이나마 인식은 하고 있는가?

정상에 오르면 당장 호흡이 달라진다. 후유 ─. 그제야 산 아래 경치도 둘러보고, 더 먼 곳도 보는 여유를 가질 수 있게 된다. 산 넘어 산, 저 멀리 더 높은 정상이 있다. 또 가야지. 그러나 이젠 능선을 따라 오르는 길, 좀 여유 있게 가는 지혜를 갖자는 것이다

더 더 더,
뒤처지면 안 된다

이건 가히 병적인 강박증이다. 더 큰 것, 더 좋은 것, 더 빠른 것, 더 신나는 것…. 사람 욕심은 끝이 없는 건가? 더 큰 걸 사면 만족은 잠시, 얼마 지나면 그만 지금 가진 것에 불만이 생기고 우린 또 더 큰 것을 갈구하게 된다. 끝이 없다. 아무리 애써봐야 언제나 부족하고 불만만 쌓일 뿐, 행복은 언제나 저 멀리 있다.

여기다 설상가상, 사태를 악화시키는 원흉이 남과의 비교다. 겨우 큰 걸 구했는데 남과 비교해 보니 내가 가진 건 너무 형편없다. 자존심도 상하고 열등감까지. 이건 가히 치명타다.

행복과 불행이 남과의 비교에서 출발한다면 그는 불행의 무덤에서 벗어날 길이 없다. 뛰는 놈 위에 나는 놈이 있다. 바라보면 언제나 내 앞에 사람이 있고 올려보면 언제나 내 위를 나는 사람이 또 있다. 그를 따라잡으려니 숨이 턱에 찬다. 겨우 따라잡고 나면 그 앞엔 또 다른 사람이 나보란 듯이 달려가고 있다. 결국 지쳐 쓰러진다.

이게 만성경쟁 강박증의 비참한 말로다. 실제로 정신과 임상에서 가끔 보는 환자다. '완전연소 증후군'이다. 더 이상 탈 게 없다. 체력도 정력도 이젠 고갈상태. 한 발 더 뛸 여력이 남아 있지 않다. 돌연사라도 면한다면 다행이다. 남보란 듯이 살아야 하는데 계속 위를 향해 달리기엔 한계가 있고, 이게 우리네 평범한 한국인의 씁쓸한 자화상이다.

결론은 분명하다. 이젠 눈에 보이는 외형적·물적 충족만으론 안 된다는 것. 이젠 마음을, 내 속을 채워야 한다. 마음이 바뀌지 않는 한 속물근성이 빚어내는 만족이며 행복은 결코 이루어질 수 없다는 사실에 직면하게 된다. 이게 진실이요, 품격이다.

▮ 맹목적 욕심도 중독이다

행복은 주관적인 것. 행복은 누구와 비교해서 되는 상대적인 게 아니고 절대적이다. 누구나 다 아는 이 진실을 이 시점에서 다시 한번 확인할 필요가 있다. 우리가 지금 품격을 논하는 이유도 여기 있다.

'조금 더!'라고 추구하는 자세는 개발도상국의 발전 모델로선 강력한 힘이 된다. 하지만 거기에 예속되어선 안 된다. 지금 내가 서 있는 자리도 좋다. 우리는 부자만 되면, 돈만 있으면 행복할 거라는 획일적인 가치관에 묶여 있다. 더 가지면 좋다. 당연하다. 더 벌려고 노력도 해야 한다. 하지만 지금의 삶의 질을 희생해 가면서까지 아등바등하진 말자는 것이다. '언젠가는 나도…' 하는 생각에 속으면 안 된다. 그때를 위해 오늘을 희생해선 안 된다.

행복은 내일 있는 게 아니고 지금 이 자리, 이 순간에 있다는 말을 기억하라. 이젠 사촌이 땅을 사면 '축하한다'는 인사가 나와야 한다. 그게 성숙한 인간의 품격 있는 자세다. 지금 당신의 삶에도 훌륭한 가치가 있다. 어떤 삶이건 거기엔 훌륭한 가치가 있다.

물질적으로 풍요롭지만
정신은 메말라 간다

국민의 85퍼센트가 자신의 삶에 만족하는 행복한 나라 코스타리카. 국토는 한반도 면적의 4분의 1, 인구 450만, 1인당 GNP 6천5백 달러에 불과한 작은 나라다. 이 작고 가난한 나라가 세계 부국들을 제치고 가장 행복한 나라가 된 이유는 무엇일까? 영국 BBC방송은 코스타리카의 사례를 소개하면서 친환경적 태도와 행복이 서로 밀접한 관계가 있다고 밝혔다. 물질적인 생활을 줄이고, 자연과 조화를 이루어 살면 삶의 만족도가 높아진다는 것이다.

실제로 코스타리카는 전 세계에서 가장 친환경적인 나라로 손

꼽힌다. 미국 예일대와 컬럼비아대 전문가들이 발표한 '2010 환경 성과 지수'에서 코스타리카는 163개국 중 3위를 차지했다. 코스타리카는 환경문제를 해결하기 위해 오랫동안 계획적으로 단계를 밟아 왔다. 1970년 에너지부와 환경부를 통합, 99퍼센트의 에너지를 모두 재생 가능한 에너지에서 얻어냈다. 1997년부터는 탄소세를 부과하여 여기서 모인 세금으로 숲을 보호하고 있다. 그 결과 1980년대 국토의 20퍼센트에 불과하던 삼림이 지금은 국토의 절반 이상을 차지하고 있다. 또한 개발도상국으로는 처음으로 2021년을 목표로 탄소 중립국을 이루겠다고 선언했다.

이 같은 성과는 쉽게 나온 것이 아니다. 1949년 군대를 없애면서 국방비에 들어갈 돈으로 도서관을 짓고, 자연을 가꾸는 데 썼다. 자연보호 선진국이며 연금생활자들의 천국으로 불리는 코스타리카는 분명 경제성장만을 목표로 하는 선진국들과는 다른 길을 가고 있다. 그리고 그 결과는 현재까지 세계에서 가장 행복한 나라라는 명성으로 나타나고 있다.

▌경제적 부와 자연의 풍요

경제성장은 필연적으로 환경파괴를 불러온다. 짧은 기간에 초고속 성장을 이루는 동안 우리의 국토는 만신창이가 되었다. 도시는 물론 깊은 산 속 오지까지 아스팔트 도로가 깔리지 않은 곳이 없다. 도대체 왜 여기에 도로를 만들었을까? 이해가 안 될 때가 너무 많다.

삼척에서 태백으로 가는 길은 감탄이 나올 정도로 아름다운 풍광이 펼쳐진다. 하루에 지나는 교통량이 얼마나 될까? 그런데 이 외진 곳을 4차선 도로로 확장한답시고 아름다운 백두대간 줄기를 참담하게 헐어버렸다. 봉평을 지나는 6번 도로도 우회길 4차선 도로로 확장해 놓았다. 하루에 차가 몇 대나 지나는지. 여기만이 아니다. 통행량 예측을 잘 못해(어쩌면 고의로 부풀린 건지도 모르지만) 수조 원씩 정부에서 보조하고 있다.

도로 건설을 반대하는 사람도 없거니와 말릴 세력도 없다. 지자체장, 지방의원 및 국회의원은 임기 안에 자신의 공적을 쌓을 수 있어 좋고, 주민은 보상비를 챙겨 좋다. 도로공사는 계속 도로를 만들어야 유지가 된다. 누이 좋고, 매부 좋은 신나는 일이다. 지금 이 순간에도 땅을 파고, 산을 엎으며 곳곳에서 도로 공사가 한창이다. 누구도 말리지 못한다.

간디의 가르침에 감명을 받아 핵무기 철폐를 외치며 전 세계를 걸어서 순례한 평화운동가 사티쉬 쿠마르. 그는 경제성장과 자연 파괴에 대해 이렇게 경고하고 있다.

"이제까지 풍요를 좇아 우리는 너무 많은 것을 파괴하고 잃어 왔습니다. 우리가 풍요를 얻기 위해 희생의 제물로 삼은 것은 크게 세 가지(3S)입니다. 땅(soil), 즉 자연을 단순한 자원으로 간주하여 그것을 사람들끼리 서로 뺏고 빼앗기며 경쟁했습니다. 그 과정에서 영혼(soul), 마음을 돈벌이 수단으로 이용하며 괴롭혀 왔습니다. 그 결과 사회(society), 주변 사람들과 서로 마음을 나누며 돕는 것을 잊어 버리게 됐습니다. 이 세상의 진정한 풍요는 바로 이 세 가지 속에 있습니다. 땅, 영혼, 사회. 이 3S와 이어지는 것만이 행복으로 나아가는 지름길입니다."

요즘은 각박한 도시 생활에 염증을 느끼고 산속으로 들어가는 사람들도 많다. 홍천 선마을에도 3년 동안 3만 명이 다녀갔다. 많은 프로그램 중 매일 새벽에 필자와 함께하는 자연 명상 시간이 제일 인기다. 그간 우리는 너무 자연과 동떨어진 생활을 해왔기에 자연이 낯설다. 자연에의 외경심을 일깨우고, 맑은 공기, 새 소리, 바람 내음 등 자연을 느낀다는 게 얼마나 소중하고 치유적인 체험인가를 느끼는 시간이다. 그러노라면 자연과 내가 하나가 되는 신비스러운 체험을 하게 된다. 이럴 때 인간은 우주적인 존재로 다시 태어난다. 도심에 찌든 도시인이 왜 이 시간에 그리 큰 감동을 받게 되는지 이해가 된다.

미국, 일본, 유럽 등 선진국에서도 도시를 떠나 아마존, 고비사막, 몽골 등으로 떠나는 사람들이 늘고 있다. 물질적으로 풍요롭

156

지만 정신적으로 메마른 도시 생활이 행복하지 않기 때문이다. 과학이 발달하고, 생활이 편리해질수록 사람들은 자연에 대한 향수가 진해진다. 본래 인간은 수십만 년 자연 속에서 살아온 자연의 일부이기 때문이다. 자연을 떠나서는 결코 행복해질 수 없다. 자연친화적인 코스타리카 국민이 행복한 이유도 바로 여기 있다.

미국의 도시 시애틀은 원래 인디언 추장의 이름이었다고 한다. 개척자들이 시애틀 추장에게 땅을 팔라고 했다. 추장이 응답한다.

"땅을 팔다니요? 땅에 주인이 있어야 팔지요. 이 땅은 수백만 년 조상대대로 살다 후예들에게 물려주고 또 물려준 모두의 땅입니다. 당신들이 하늘과 공기를 팔라는 소리를 안 하니 다행입니다. 그러나 총을 들고 땅을 팔라니 내놓을 수밖에 없겠소. 하지만 부탁이 있소. 당신들이 이 땅에 살되 천 년, 만 년 뒤에도 지금 이대로 지켜주시오."

물론 시애틀 추장의 부탁은 지켜지지 못했다. 이제는 멈춰야 한다. 더 이상 자연을 파괴해서는 안 된다. 논에서 지렁이와 메뚜기를 볼 수 없어진 지 오래다. 바다도 오염되어 생선이며 조개도 중금속투성이다. 도대체 우리 후손들에게 무엇을 물려줄 것인가? 아니, 당장 우리의 오늘 하루는 어떤가?

나는
바닥인생이 아닐까

얼마 전 국회 교육과학기술위 소속 권영길 의원이 서울 지역 초중고생 3만7258명의 장래 희망을 분석한 보고서를 발표했다. 이 보고서에 따르면 부자 동네와 가난한 동네 아이들의 꿈이 달랐다. 강남 학생의 꿈은 의사, 법조인 등 전문직이 많았고, 비강남학생은 일반직장인이 많았다.

더욱 걱정스러운 것은 고소득 전문직을 꿈꾸는 비율의 지역 간 격차가 초등학교 때는 10.4퍼센트 정도지만, 중학교에서는 18.3퍼센트로 높아지고, 고등학교는 훨씬 격차가 벌어진다는 점이다.

즉 가난하면 아이들의 꿈까지 가난해지는 사회가 되는 건가. 사회의 양극화는 교육의 양극화를 불러왔고, 결국 아이들의 꿈마저도 양극화됐다.

한국은 '선진국 클럽'이라는 경제협력개발기구(OECD)의 회원국이 되었지만 그만큼 양극화도 심해졌다. 소득 불평등 정도를 나타내는 지니계수(수치가 높을수록 불평등이 심함)는 OECD 국가 중 가장 높은 편에 속한다.

소득 및 자산 격차에 따른 부의 불평등은 사교육과 맞물리며 교육의 불평등을 가져왔다. 한국교육연구소 김경근 고려대 교수의 논문에 따르면 수능점수도 아버지의 소득에 비례하는 양상을 보이고 있다. 아버지의 월 소득이 500만 원을 초과하는 계층의 자녀는 수능에서 평균 317.58점을 받았고, 351만~500만 원 사이인 경우는 310.2점, 200만 원 이하인 경우는 287.63점이었다.

문제는 경제가 성장할수록 상·하류층의 격차는 점점 더 벌어진다는 점이다. 2009년 종합소득세 신고자의 총소득금액 중 상위 20퍼센트가 무려 71.4퍼센트에 달해 사실상 소득의 대부분을 차지했다. 반면 하위 20퍼센트는 1.6퍼센트의 소득밖에 벌지 못했다. 서울대 사회발전연구소의 2007년 조사에 따르면 중산층에 속한다고 생각하는 사람은 1996년 41.1퍼센트에서 2007년 28퍼센트로 감소했다. 1인당 GNP는 높아졌지만 현실보다 중산층 기준이 높아지면서 자신을 중산층이라고 생각하는 귀속의식이 낮아진 것이다. 이런 격차 사회 속에서 행복해지기란 쉽지 않다. 객관적으로 잘살게 되었다고 해도, 상대적 박탈감은 훨씬 커지기 때문이다. 하버드 대학에서 한 연구다. 소득은 남과의 비교가 얼마나 중요한지 알아보기 위해 학생들에게 설문조사를 했다. 다음 두 상황 중 어느 쪽이 더 좋은지 선택하라고 했다.

> A. 당신은 연봉 10만 달러를 받고
>   다른 사람들은 20만 달러를 받는다.
> B. 당신은 연봉 5만 달러를 받고
>   다른 사람들은 2만 5천 달러를 받는다.

당신은 어느 쪽인가? 당신의 선택이 궁금하다. 조사에서는 70 퍼센트의 학생들이 B를 선택했다. A가 B보다 월급이 두 배나 높지만 결국 자기 소득이 늘어나더라도 다른 사람의 소득이 더 높다면 그다지 행복하지 않다는 것이다. 사촌이 땅을 사면 배가 아프다는 이야기가 헛소리가 아니다.

나보다 못한 사람들보다는 나보다 잘난 사람들 이야기가 먼저 눈에 들어온다. 신문이나 뉴스를 봐도 가난한 사람들 이야기보다 강남 부자들, 사교육에 큰돈을 쓰는 사람들에게 신경이 쓰인다. 우리가 불행한 이유는 밥을 굶어서가 아니다. 상대적인 박탈감, 점점 더 벌어지는 양극화 때문이다. 중산층이 어디 갔을까? 빈익빈, 부익부. 양극화라고 하도 난리를 치니까 요즘은 중산층이란 말조차 실종되어 버렸다. 까마득히 높은 상층 아니면 바닥인생이다. 1980년대에는 중산층 비율이 70퍼센트에 달했다. 정말이지 우린 그때 희망에 부풀어 있었다. 자신감에 넘쳤다. 세상 누구도 부럽지 않았다. 1인당 GNP로 따진다면 겨우 1만 달러도 안 되던 시절인데!

▌우리는 중산층이다

1인당 GNP 2만 달러, 이제 우린 경제대국 반열에 우뚝 섰다. 경제적으로는 가히 정상이다. 그렇다면 중산층이 더 많아져야 할 게 아닌가. 그런데 왜, 어디로 갔단 말인가? 하긴 이건 우리만의 문제는 아니다. 자본주의 국가의 공통적인 문제다. '아버지 세대보다 초라한 삶'이라고, 중산층이 무너지고 있다고 난리다.

주위를 돌아보면 우선 나부터 확실히 중산층이다. 대부분의 사람도 내 눈엔 그렇게 보인다. 세상 물정 모르는 소리라고? 물론 우리 이웃엔 참으로 딱한 이들도 많다. 그런가 하면 누가 봐도 상류층 부자도 적지 않다. 그렇다고 현재 우리 한국사회에 중산층이 사라졌다는 생각은 속단이다. 많다. 두껍게 층을 이루고 있다. 그리고 이들이 우리 한국사회를 이끌어가는 중추 세력이다. 흔들리는 위기에도 이들이 버팀목이 되어 주기에 우리 한국호가 순항

하고 있는 것이다. 그런데 왜 사라졌다는 걸까?

"경제적으로는 분명 중산층이지만, 상대적 박탈감에서 오는 심리적 이유가 큰 것 같습니다."

문화인류학자 이희수 교수의 답변이다. 하긴 그렇다. 애 하나 키우기도 만만찮다. 물가고에, 대학 등록금 1천만 원 시대. 놀랍게도 괜찮은 유치원도 원비가 1년에 1천만 원이라니. 거기다 자녀 결혼까지, 앞으로 100세를 살아야 한다는데 은퇴자금은 턱없이 부족하다. 아이가 대학을 마쳤다고 취업이 되는 것도 아니고.

중산층이란 말이 나올 수가 없게 되어 있다. 경제도 좋아졌고 전반적인 삶은 그간 확실히 좋아졌는데도 피부로 느끼지 못하는 게 문제다. 소비할 수 있는 여유 자금이 부족하다는 것이다. 사실 그간 우리 생활 수준은 알게 모르게 상당히 높아졌다. 이젠 아이들 수학여행도 해외로 가는 경우도 있지 않은가. 외식부터 옷까지 우리 눈도 월등히 높아져 버렸다. 자연스레 소비지출이 많아질 수밖에 없다. 그러니 당장 쓸 돈은 부족하고.

한국 가정의 재무구조에도 문제가 있다. 가계에서 부동산이 차지하는 비중이 너무 크다. 약 70~80퍼센트에 육박하고 있다. 집만 사면 돈을 벌 수 있다는 기대에서 너도나도 샀다. 그 때문에 집값이 천정부지로 올랐다. 그나마 빚을 내서 샀는데, 이게 웬걸. 갑작스러운 부동산 폭락에 거래는 안 되고 이자는 오르고, 중산층 허리가 휠 수밖에 없다. 경기대 오연석 교수는 이것이 중산층

162

증발의 원인이라고 진단한다.

'중산층'이란 가구 소득을 기준으로 중위소득의 50퍼센트 미만, 50~150퍼센트, 150퍼센트 이상을 구분해 각각 빈곤층, 중산층, 상류층으로 정의한 것이다. 주로 OECD에서 사용하는 개념이다. 그러나 이것도 임의로 정한 기준이지 사실 중산층의 명확한 정의와 함께 정확한 통계치를 내기란 쉽지 않다. 우리 국민 중 얼마나 되는지도 나로서는 알 수 없는 일이다. 그래도 난, 나도 중산층이라고 생각하는 게 마음 편하지 않을까? 확실한 기준이 없다니까 내 마음먹기 나름이다.

중산층은 이름 그대로 자산이 중간에 속한다는 뜻이다. 그러나 본서에서 논하는 '층'은 자산이나 경제력보다는 정신적인 의식 차원에서 하는 소리다. 문화 비평가 홍사종 교수는 이제 '중산층(中産層)'이라는 말보다는 '중간문화(中間文化)'라고 불러야 한다는 의견이다. 나 역시 동감이다. 지금 우리에게 중요한 건 보통 사람들의 생각이나 생활양식, 문화, 가치관이다. '중류(中流)'란 말이 무난하겠다는 이희수 교수의 제안도 공감이 간다. 우리가 이 시점에서 중요한 건 사회의 간극을 메우는 건전한 중간문화, 중류 문화(middle culture)의 육성이다. 중류 문화가 건전하고 튼튼해야 국가기반이 반석에 올라선다. 그리고 중류 문화에 품격이 있어야 국격도 올라간다.

나와 맞지 않을 땐
버리면 그만이다

    지난 설, 홍천 선마을에서 지신밟기 행사를 한 적이 있었다. 꽹과리, 징 등 농악기는 다 갖추고 있는데 막상 시작하려니 마을에 농악 할 줄 아는 사람이 없었다. 예전에는 마을 어른들이나 청년들이 저마다 농악기 한두 개쯤은 다룰 줄 알았다. 그래서 마을 행사가 있을 때면 마을 사람들끼리 모여 농악을 연주하는 것이 지극히 당연한 일이었다. 그런데 이젠 할 줄 아는 사람이 없다. 수백 년을 이어져 온 전통이 끊어져 버린 것이다. 역사적 단절감 앞에 맥이 끊어진 느낌이다.

전통의 붕괴는 어제오늘 일이 아니다. 지금까지 우리는 계속 새로운 것을 찾아 쫓아 왔다. 새집, 새차, 새옷…. 새로운 것에 강박적으로 매달렸다. 무조건 새것만을 좋아하는 새것 증후군. 우리나라에서는 20년 된 아파트는 헌 것으로 여긴다. 10년만 넘어도 재건축 얘기가 솔솔 나온다. 내가 미국에서 살았던 아파트는 120년 된 건물이었다. 하지만 아무도 그 아파트가 낡았다고 부수고 다시 지어야 한다는 말을 하는 사람은 없었다. 20년 된 헌 아파트라니, 말도 안 된다. 우리 건축 기술이 이 수준밖에 안 된단 말인가. 물론 그 이상이다. 문제는 우리들의 '새것 강박증'이다. 그 흔한 휴대전화도 마찬가지. 멀쩡한 걸 일 년에 몇 번씩 바꾸는 사람도 많다. 새것에 대한 강박증이다. 뒤처지면 바로 낙오자가 될 것 같은 불안감 때문에 끊임없이 새것을 쫓아간다.

그래서 생긴 문화가 싹쓸이 문화다. 싹 쓸어 없애고 다시 만든다. 우리는 말이 5천 년 역사지 실제로 남아 있는 것이 거의 없다. 이웃 나라 일본에 가보면 현대식 초고층 빌딩 옆에 작고 낡은 수백 년 된 사당이 있다. 일본은 전통 위에 새것을 계속 쌓아가는 중층(重層)문화다. 그러나 우리는 오래된 것은 쉽게 무시하고 비하한다.

경로사상을 외치지만, 알고 보면 한국인만큼 노인을 무시하는 나라도 없다. 노인은 정치, 경제, 모든 분야에서 빨리 물러나 뒷방 구석에 조용히 박혀 있기를 바란다. 젊은 사람이 해야 뭐든지 낫다는 생각. 이것 역시 새것 강박증이다.

새것만 찾다 보니 도무지 주인의식이 없다. 언제든 맘에 안 들면 버리고 새것을 사면 그만이라고 생각한다. 인간관계도 마찬가지. 돈 몇 푼에 수시로 직장을 옮긴다. 부부라고 다르지 않다. 살다 싫어지면 언제든지 헤어진다. 완전한 관계가 아니다. 엉성하기 짝이 없는 표피적 관계다. 우리 모두 임시 정거장의 과객 같은 존재가 되어 버렸다. 그러니 주인의식도 없고 애착이 생길 수도 없다. 뿌리가 없으니 늘 공허하고, 불안하다.

▮ 혼자만의 공간에서 벗어나 이웃을 만나라

인도 북쪽에는 '고갯길의 땅'이란 뜻의 라다크가 있다. 이곳은 지리적 폐쇄성으로 인해 오랫동안 문명의 손길을 타지 않았다. 덕분에 자급자족을 통한 전통적인 생활방식을 지켜올 수 있었다. 라다크는 가난하지만 자연과 전통이 살아 있기 때문에 행복하다. 사회운동가 헬레나 호지는 전통을 지켜나가면서 풍족한 마음으로 살아가는 라다크 사회에 매료되었다. 라다크 사회를 연구한 그녀는 자신의 저서『오래된 미래』에서 이렇게 말한다.

"아마도 라다크가 우리에게 주는 가장 중요한 교훈은 행복이라
는 것의 의미를 재고할 필요가 있다는 것이 아닐까 한다. …공동

체나 대지와의 밀접한 관계가 물질적인 부와 기술적인 발달을 넘어서서 인간의 생활을 풍족하게 하는 것이 가능하다는 사실을 그들은 내게 알려주었다."

이제까지 이른바 선진국에서는 GNP와 GDP 등을 풍요의 정도를 재는 지표로 사용했다. 하지만 GNP가 올라간다고 결코 행복해지는 않는다. GNP와 행복지수가 비례하는 북유럽의 일부 나라들은 라다크처럼 자연과 전통이 잘 보존되어 있다. 불행히 우리는 고향이 붕괴되고, 전통이 허물어져 가고 있다. 한데 우리만큼 고향노래가 많고, 엄마 노래가 많은 나라도 없다. 사라져 가는 고향과 전통에 대한 향수 때문이다.

2차 세계대전 후 많은 사람이 전쟁으로 고향, 그리고 전통을 상실하면서 정서적으로 안정감이 없는, 뿌리 없는 뜨내기 인간군으로 전락했다. 학자들은 이를 '고향 상실증'이라는 순화된 이름으로 불렀지만 사실 내용은 인간성 말살이라는 비극적인 현실을 담고 있다. 문제는 이게 전후(戰後) 일시적 현상이 아니고 산업화가 본격적으로 진행되면서 전 세계적인 문제로 확대 증폭되고 있다는 현실이다. 우리 한국도 여기서 예외가 아니다. 이북에 둔 고향만이 아니다. 어느 시골에도 소박한 고향의 정취는 사라진 지 오래다.

필자의 지인 중에 미국 실리콘 밸리의 창업 1세대인 대부호가 있다. 그의 대저택에는 승마장이 있고, 거실 바닥엔 피카소 그림이 아무렇게나 널려 있을 정도다. 지난 방문 때 저녁식사 자리에서 대부호의 저녁밥상 차림이 푸성귀와 거친 반찬 몇 가지가 전부였다. 그게 어릴 적 자기 할머니가 차려준 건강식이란다. 어린 시절 고향의 향수를 자극하는 푸성귀가 어떤 고급 음식보다 귀하고 맛있었던 것이다. 결국 인간은 자신의 뿌리, 고향을 잊지 못한다.

그래서일까? 가난에서 벗어나기 위해 도시로, 해외로 떠났던 사람들이 하나둘씩 고향으로 돌아오고 있다. 마치 연어가 자신이 태어난 곳으로 돌아오기 위해 강을 거꾸로 오르듯이. 필자의 막냇동생도 미국으로 이민을 떠나 그곳에서 성공했지만, 얼마 전 귀국해서 남해에서 살 집을 찾고 있다. 고향에 돌아오니 비로소 진정한 삶의 의미와 행복을 느낀다는 사람들도 많다.

그렇다고 모두가 도시를 떠나 고향으로 돌아갈 수는 없다. 도시에서라도 잃어버린 우리의 전통문화를 만들어 나가야 한다. 어린 시절 정겹던 고향의 모습처럼, 이웃과 함께 나눌 수 있는 새로운 이웃문화를 가꿔야 한다.

은퇴하고 **나이** 들면 짐이 된다

"당신은 은퇴라는 말을 들으면 무엇이 떠오릅니까?"

다국적 금융회사인 HSBC가 2006년 한국을 비롯한 22개국의 성인남녀를 대상으로 실시한 설문조사 항목 중 하나다. 이 질문에 한국인들은 '돈 걱정, 외로움, 두려움, 지루함'을 떠올렸다. 그러나 유럽 등 다른 나라 사람들은 자유, 행복, 만족을 떠올렸다.

한국인들은 나이 드는 것을 불행하다고 느낀다. 그래서 한 살이라도 어려 보이기 위해 성형 수술을 하고, 동안이 되기 위해 좋다는 건 모두 시도해 본다.

좋든 싫든 인간의 평균 수명은 해마다 늘어나고 있다. 우리도 평균수명 80세를 넘어섰다. 큰 축복으로 여겨졌던 회갑연이 고희 잔치로 바뀐 지도 한참은 된 것 같다. 그만큼 드물다 해서 고희라 하지만 이조차도 없어질 날이 머지않았다. 이대로 가면 평균 100세가 보통이 될 테니 말이다.

늘어난 수명은 과연 축복일까, 재앙일까?

UN은 세계적인 고령화가 지구촌의 온난화, 테러리즘과 더불어 21세기의 세 가지 사회 경제적 문제 중 단연 첫 번째라고 발표했다. 우리 사회에서도 고령화에 대한 걱정과 불안의 소리가 높아져 가고 있다. 혼자 구석방을 지켜야 하는 독거노인이 이미 1백만을 넘었다. 노인 자살도 해마다 늘어나고 있다. 늘어난 수명이 재앙이 되고 있는 셈이다.

오류도니 사오정이니, 40~50대에 이미 은퇴를 강요받는 현실인데, 수명은 80세를 넘어서고 있다. 은퇴 후에 적어도 30년을 넘게 살아가야 하는 세상이다. 말이 30년이지 강산이 세 번 변하는 긴 세월. 누가 내 노후를 책임져 줄 것인가?

예전에는 효에 대한 개념이 확실했다. 자식이 늙은 부모를 봉양하는 것은 너무도 당연한 도리이자 의무였다. 하지만 이제는 다르다. 늙은이입네 하고 뒷방에 앉아 기침한다고 밥상을 차려 줄 자식은 없다. 정부도 사회도 마찬가지. 세계 10대 부국인데도 OECD 국가 중 공공복지 지출 규모가 최저 수준인 우리나라다.

▌노후 관리, 내 미래에 대한 고민

어디 그뿐인가? 갈수록 자녀를 낳지 않는다. 저출산 문제 때문에 점점 노령화가 심해진다. 먹고살기 어려운데 세계 최고의 자녀교육비까지. 젊은이들 사이에선 아이를 낳지 않고 맞벌이를 하는 소위 딩크족(DINK族, Double Income No Kid)이 늘어나고 있다. 한데 자식이 없으니 누가 내 노후를 책임질까? 그럴수록 더욱 노후에 대한 불안은 커져만 간다.

자식도, 정부도, 사회도 나의 노후를 돌봐주지 않는다. 불안할 수밖에 없다. 지금은 경제 활동을 하고 있지만 언제 그만두게 될지 모른다. 은퇴 후 30년을 어떻게 살아갈 것인가? 그러다 덜컥 병이라도 나면? 정신적으로 심각한 비상상태가 된다. 돈이 많은 부자도 예외는 아니다. 앞으로 30년, 소득이 없다면 불안할 수밖에 없다. 곶감 빼먹듯 야금야금 빼먹어야 하니 돈이 많아도 마음은 편치 않다.

기댈 곳은 없고, 현실은 냉혹하기만 하다. 노후에 대한 온갖 암울한 전망이 난무하는 것도 무리가 아니다. 도무지 정신적인 여유와 행복감을 누릴 겨를이 없다. 젊을 때부터 노후를 대비하기 위해 허리띠를 졸라맨다지만, 그래도 마음은 늘 불안하다.

우리만큼 저출산 고령화가 빠른 속도로 진행, 악화되고 있는 나라는 일찍이 없었다. 지금도 진행 중. 조금도 나아질 전망이 없다. 이대로 가다간 지도상에 제일 먼저 없어질 나라가 대한민국이라니, 이거 정말 끔찍한 일 아닌가.

세상이 발칵 뒤집힐 획기적인 처방이 나와야 한다. 한데 그런 기미가 없다. 이에 대한 정부 대책도 아직 산만하다. 오늘에라도 당장 대통령 직속으로 특별위원회가 설치되어야 한다.

얼마 전 일본의 사회학자가 한 프로그램에 출연해 한 이야기는 더욱 우리 마음을 졸이게 한다. 일본은 우리보다 먼저 시작된 저출산 고령화로 인해 도쿄 번화가의 명품 백화점 두 곳이 이미 문을 닫았다. 독신 귀족들로 호황이었는데 이들이 자꾸 나이 들어 중년을 넘어가면서 매출이 줄어든 것이다. 그 뒤를 이을 젊은 층이 없으니 문 닫을 수밖에.

"일본은 이미 늦었습니다. 한국은 아직 조금 여유가 있습니다. 그러나 시간이 그리 많지 않습니다."

일본 학자의 조용한 경고가 오랫동안 내 귓전에 맴돌고 있다.

정책이 잘못될 순 있다. 워낙 불확실 변수가 많으니 예측이 틀려 실패작이 될 순 있다. 그러나 저출산 고령화는 당장 눈에 보이는 확실한 진실이다. 이걸 보고도 올바른 정책을 못 세운다면 정부의 무능을 탓할 수밖에 없다.

물론 이건 정부 몫만이 아니다. 민간, 기업, 사회단체의 체계적이고 지속적인 합동 전략이 필요하다. 천지역전의 '코페르니쿠스적' 의식의 전환이 먼저다.

▌나이 듦에는 노련의 미가 있다

지금 우리 사회에선 베이비부머의 은퇴가 시작되었다고들 발을 구르고 있다. 인생 1백 년 시대, 50대 중반에 은퇴. 무엇을 할 것인가. 당장 뭘 해 먹고 살 것인가. 현실적 타개책을 만들어야 한다. 이들이 주도하는 게 영세규모의 서비스업이나 유통업이다. 준비도 안 된 사업이 잘될 리가 없다. 난 이들에게 해외 시장에 눈을 돌리라고 권하고 싶다.

한국은 이미 포화상태. 해외에선 당신 같은 노숙한 경험자를 기다리고 있다. 당신네는 무에서 유를 창조한 기적의 세대요, 관록의 세대다. 그 풍부한 노하우를 특히 개발도상국에선 양손을 들고 환영이다. 기억하라. 우리도 산업화 초창기에 미국, 일본 등에서 많은 고문을 초빙했다. 가방 하나 들고 온 그들에게 칙사 대접을 했다. 그들의 선진 경험담 몇 마디에 엄청난 자문료를 지불했다.

졸저 『에이징 파워』는 이런 배경에서 썼다. 나이가 들수록 노련한 경험과 지혜가 쌓여가면서 점점 파워가 세진다는 의미다. 나이 듦은 내려가는 게 아니라 올라가는 것이다.

외국이 싫다면 작은 은퇴자금으로 100세까지 살아갈 현명한 방도를 찾아야 한다. 앞으로 싱글룸 아파트에 살 세대가 전 인구의 40퍼센트가 될 것이다. 큰 아파트 빨리 처분하고 이런 아파트 몇 채만 사놓아도 생활비 걱정은 덜 수 있다.

요즘은 귀농 프로그램에 대한 정부 지원도 좋은 편이다. 그리고 실제로 도시의 화이트칼라 귀농자를 위해 프로슈머(Prosumer, 생산자이면서 소비자일 수 있는 일반 직장인들)로 생활할 수 있는 민간 프로젝트도 기획 실행 단계에 있다.

'함양 프로젝트'가 그 좋은 예다. 우리는 은퇴 후 제2의 인생을 행복하게 보낼 수 있는 자신감이나 사회적 여건이 절대적으로 부족하다. 그래서 미래가 더 불안하다. 함양 프로젝트는 적은 주거비용이나 연금으로 자신의 존재감과 보람 속에서 살 수 있는 도시를 꿈꾸며 함양의 3백만 평 부지에 2만 세대 신도시(Dream City)를 구상 중이다.

민·관·대학 등 각 전문가로 구성된 위원회는 그야말로 꿈의 도시를 설계 중이다. 우선 거긴 병원이 필요 없는 건강 장수 도시다. 문화, 예술, 교육, 건축 등 지금까지 지구상에 없던 새로운 개념의 자족 도시다. 일하면서 즐기는 행복한 노후설계가 완벽하다. 비슷한 외국 도시들과 자매결연, 서로 교환 생활도 가능하다. 계획만으로 흥분된다. 숲 속 유치원 구상부터 아이들은 영어, 일어, 중국어 마을에서 홈스테이한다. 몇 푼 안 되는 은퇴자금으로도 노후가 보장되는 프로슈머 도시다. 기대가 크다.

정부가 모든 국민의 노후를 책임질 수 없다. 이런 민간사업을 간접 지원해주고 도와주면서 이런 도시들이 그 지역 특성에 맞게

174

생겨나면 새로운 관광 도시로 많은 일자리가 생겨나고 노후가 해결되고 농촌경제가 활성화될 것이다. 저출산 고령화는 한 세트로 묶여 있다. 생명보험 사회공헌재단에서도 이 문제를 놓고 해외 전문가까지 초빙, 세미나 개최를 준비하고 있다. 우물쭈물하다가는 늦다. 일본 사회학자의 경고를 귀담아들어야 한다.

뭘 해도 일류가 되긴
어렵지 않을까

1900년대 조선 말기, 세계정세는 급변하고 있었고 조선 역시 커다란 변화의 물결에 휩싸였다. 조선으로서는 청의 속국으로 살아온 지 250년 만에 맞이하는 전환기였다. 발해 멸망 이후 1천 년 넘게 계속된 예속의 역사를 떨쳐버리고 근대화라는 새로운 시대로 나아갈 좋은 기회였다. 그러나 조선은 변화를 두려워했다. 멀쩡한 사람도 오랫동안 머슴으로 살다 보면 자신도 모르게 노예근성이 생긴다. 8백 년 가까이 큰 나라들의 속국으로 살다시피 한 조선엔 자주국으로서의 자부심도 자신감도 없었다.

민족학자들의 연구에 의하면 어떤 민족이든 한 세대(30년) 이상 식민 지배를 받게 되면 그 민족 고유의 정체성과 주체성이 사라진다고 한다. 그 후 식민지배에서 해방된 민족이 고유의 정체성을 되찾기까지는 한 세기(100년)의 세월이 흘러야 한다고 한다. 그만큼 식민지배는 피지배민족의 역사, 정신, 문화를 철저하게 파괴한다.

2011년 여름, 난 에게해 답사에서 우리와 비슷한 역사적 현장을 실감했다. 올림피아 유적지 카타콜론 입항을 앞두고 예정이 돌연 취소되었다. 부두 파업이다. 정년을 2년 연장하는 데에 반대하는 파업을 벌인 것이다. 국가 재정이 파탄났음에도 연일 데모다. EU에서 긴급 재정지원이 결정된 판국에도 파업은 끝이 보이지 않는다.

어떻게 이럴 수 있을까? 한국의 보수적 머리로 이해가 되지 않는다. 어려운 나라의 형편을 생각한다면 이럴 순 없다. 안내원 설명에 의하면 2천 년 식민 잔재에서 못 벗어났기 때문이라고 한다. 어느 누구도 못 믿는 것이다. 철저히 자기중심적이다. 에고이스트(Egoist)의 어원이 여기서 출발했다. '에고(ego)'는 자아를 뜻하며 에고이스트란 말은 자기중심적이고 철저히 이기적인 사람을 뜻한다.

완전 독립된 지 겨우 1백 년밖에 안 된 그리스인은 지금도 철저히 자기중심적이다. 나라야 어떻게 되든지 내 배만 부르면 그만이라는 생각이다. 식민지 시대의 피해의식은 지금도 강하게 남아 있다. 그 화려한 역사의 그리스. 그렇게 위대한 조상을 가진 그리스가 어떻게 이럴 수 있나 싶다. 식민 잔재는 이렇듯 깊고 길다.

1910년 한일병합 후 해방까지 무려 35년의 세월, 일제 식민 지배를 받은 우리 민족 역시 예외는 아니다.

일본의 식민지배 정책의 첫째는 바로 민족 말살정책이었다. 우리 민족의 역사, 정신, 문화, 특질을 교묘한 방법으로 말살, 왜곡하여 민족적 정체성의 기백을 잃게 한 것이다. 일제는 한일병합 직후인 1916년부터 '조선사편수회'를 구성, 친일학자들을 동원하여 35권의 『조선사』를 편찬, 조선의 역사를 체계적으로 말살, 왜곡하였다. 단군신화를 왜곡하고, 동북아의 패권을 다투었던 부여, 고구려, 발해사를 축소, 조작하였다.

또한 기마유목민족의 진취적 기상을 철저하게 숨기고, 농사나 짓는 농경민족으로 둔갑시켰다. 1916년 제3대 총독 사이토 마코토에 의해 제정된 조선인 교육지침은 일본의 민족 말살 정책이 얼마나 가혹했는지 잘 보여준다.

┃첫째, 조선 사람으로 하여금 자신의 역사, 정신, 문화를 알지 못하게 함으로써, 민족의 얼과 문자를 잊어버리게 하고,
둘째, 조선 사람 스스로 선인들의 무위, 무능, 악행, 폐풍 등을 될 수 있는 대로 많이 들추어내 이를 과장하여 조선인 후손에게 가르침으로써 조선의 젊은이들이 그들의 선대를 경시하고 멸시하는 가풍을 만들고,

셋째, 그 결과 조선의 청년들이 자기 나라의 인물과 사적에 부정적인 지식을 얻어 실망과 허무감에 빠지게 하여 서서히 일본화 교육을 할 것.

일제는 이러고도 모자라 우리의 역사, 정신, 문화, 특질을 상징하는 곳은 모조리 허물거나 이름을 바꾸었다. 창경궁에 동물원을 만들어 유원지로 전락시키고, 숭례문을 남대문으로 이름을 바꾸고, 한민족 기상의 발원지인 백두대간을 여러 산맥으로 쪼개어 버렸다. 이뿐인가. 창씨개명. 제 나라 말을 못하게 했고, 일체의 전통의식을 못 하게 했다.

▮ 불신과 피해의식은 하루빨리 버려라

일제의 또 다른 식민지배 정책은 분할정책이었다. 지역, 계층, 세대별로 나누어 서로 불신하고 갈등하게 한 것이다. 영호남을 차별하고, 양반과 천민출신을 차별하였다. 같은 사안을 가지고도 어떤 사람은 감옥에 가고, 어떤 사람은 그냥 풀어주는 식으로 갈등을 조장하였다. 정당한 이유 없이 차별을 당한 사람은 억울할 수밖에 없고, 자신과 다른 대우를 받은 사람을 의심하게 된다. 이렇게 해서 불신과 갈등이 우리 동족 사이에서 생겨난 것이다.

한편, 일제는 분할지배정책을 강화하여, 일제에 동조하는 조선인 관리들을 키워나갔다. 조선인 관리를 양성하여 백성을 통제, 감독하게 하고 조선의 저항도 사전에 예방할 수 있기 때문이다. 일제는 조선의 우수한 젊은이들이 총독부 관리 시험에 응시토록 권장하며, 장학제도도 널리 시행했다. 많은 조선의 인재들은 경성제국대학을 나와 고등고시에 합격하여 총독부의 관리가 되는 것을 최고의 성공이라 여기게 되었다.

　일제는 친일세력이 된 조선 관리들을 앞세워 우민정책과 노예정책을 더욱 강화했다. 산업, 과학, 기술, 무역, 군사 등의 분야에는 절대 조선인이 진출하지 못하도록 통제했다. 그 결과 조선 사회에는 고등고시나, 공무원시험에 합격하는 것만이 입신, 출세, 성공에의 길이라는 풍토가 조성되었다. 이 비뚤어진 풍토는 해방 이후 70년이 지난 지금도 여전히 우리 사회에 만연하고 있다. 수십만 명의 젊은 영재들이 어두컴컴한 고시원에 틀어박혀 고스란히 아까운 청춘을 쏟아붓고 있지 않은가.

　일제 식민 35년, 우리 민족은 너무 많은 것을 잃었다. 눈에 보이는 일제의 수탈도 문제지만 눈에 보이지 않는 정신적 수탈은 훨씬 치명적이었다. 우리 민족의 자긍심은 여지없이 부서졌고, 패배 의식과 열등의식에 사로잡히게 되었다. 식민지배는 한국인의 자부심과 자신감을 송두리째 없애 버렸고, 국가의 품격 또한 말이 아니게 추락했다.

6 장

품격 있는
나를 위한
삶의 리듬

Part 6

지금보다 경제 수준이 풍요롭지 못했던 1980년대도 우리 국민 70퍼센트가 자신이 중산층이라고들 얼마나 행복에 겨워했던가. 한데 지금은 어떤가? 딱하게도 경제적·물질적 풍요가 우리를 행복하게 만들지 않는다는 사실을 알게 된다. 이 책을 읽어 온 독자라면 이젠 알 것이다. 행복은 외형적 성장이 아니라 내부의 정신적 성숙이라는 것을.

하지만 성장 일변도의 생활 패턴에 길들여져 알면서도 잘 안 된다. 여전히 피곤하고 짜증이 난다. 나를 조여 온 삶의 속도에 내

본연의 리듬을 상실했기 때문이다. 이 장에서 소개할 김 사장은 한국 경제의 대표주자로 앞만 보고 달리는 사람이다. 남들보다 더 많이, 더 빠르게 해야 성공할 수 있다는 생각에 사로잡혀 있는 당신과 꼭 같은 사람이다. 어떻게 하면 이제 그만 어깨에 힘을 빼고 의연하면서도 품격 있는 삶을 살 수 있을까? 당신 내면의 리듬이 몇 박자인지 귀 기울여 보라.

지친 당신을
되살려 줄 여유

　김 사장. 그는 맨손으로 시작한 회사를 나이 50에 탄탄한 중소기업으로까지 키워 냈다. 이제 그의 새로운 목표는 코스닥 상장. 더 크게는 세계 시장을 석권한다는 것이다. 대단한 도전가이자 야심가인 김 사장. 그는 분명 사업적으로 훌륭하게 성공한 사람이다. 지금의 기세라면 그의 꿈이 결코 꿈만이 아니란 것을 직감할 수 있다.

　김 사장은 중소기업은행의 우수고객 초청으로 선마을에 왔었다. 발코니에 앉아 무언가를 열심히 메모하고 있다.

"뭘 그렇게 많이 쓰세요?"

"아, 별것 아닙니다. 내일 회의 자료를 정리하는 중입니다."

"김 사장님, 행복하세요?"

"네?"

그는 영 어리둥절한 표정으로 나를 쳐다본다. 갑자기 무슨 그런 질문을 하느냐는 당황스러운 눈빛이다. 혼잣말로 머리를 긁적이며 중얼거린다.

"행복이라…."

"사장님, 종합 검진은 정기적으로 받아보시지요?"

"몇 해 전에 해봤는데, 별문제 없다던데요. 바쁘기도 하고. 요즘은 이렇게 건강한데…."

"사장님, 여기가 어디입니까?"

"네? 왜 자꾸 그런 엉뚱한 질문을 하세요? 이 박사님이 하시는 선마을 아닙니까?"

"그렇죠. 김 사장님, 산이 보이십니까?"

또 "네?"다. 그러곤 멀뚱멀뚱 산을 둘러본다.

"참 아름답고 좋네요."

"심호흡을 천천히 세 번만 해 보세요."

심호흡이 잘 안 된다. 짧고 거칠다.

"김 사장님, 부드럽고 깊게 다시 해 보세요. 네. 잘했습니다. 이제 다시 산을 둘러보세요."

김 사장은 찬찬히 둘러보더니 들고 있던 수첩을 슬그머니 접어 주머니에 넣는다. 눈을 지그시 감고 조용히 심호흡한다. 아주 부드러워졌다. 얼굴도 편안해지고.

"이제 산이 보이죠? 어서 오십시오. 여기까지 오시느라 애썼습니다."

오늘의 한국이 있기까지 수많은 '김 사장'이 있었다. 그들이 있었기에 지금의 성장이 가능했다. 고맙고 존경스럽다. 하지만 지금부터의 문제는 사회나 조직의 일원으로서가 아닌 한 '인간'으로서 그의 삶이다.

한국의 모든 '김 사장'에게 부탁한다. 바쁜 시간에 먼 곳까진 바라지도 않는다. 지금 있는 자리에서 조용히 눈을 감고 심호흡을 세 번만 해 보라고.

이 시대 우리 모두의 김 사장은 하나같이 교감신경의 과잉흥분 상태에 있다. 이걸 진정시켜야 한다. 쉴 줄도 알아야 한다. 즐길 줄도 알아야 한다. 주위 이웃도 돌아보고, 내가 지금 어디로 가고 있는지도 생각해 보고, 심야영화도 한 편 보고, 밤하늘도 한번 쳐다보자.

삶에 여유가 있어야 한다. 물질적인 여유가 아니라 정신적인 여유가 있어야 당신의 사회적 지위에 상응하는 품격이 갖추어질 수 있다. 여유를 가지고 삶에 임할 때 모든 게 한 차원 높게 업그레이드된다. 기업도, 가족관계도, 그러면 사업도, 무엇보다 당신 자신의 품격 있는 삶이 갖추어진다. 그리고 건강도 달라질 것이다.

"그러면 사업은 언제 해?"

제발 그 말만은 말자. 일할 의욕을 불러일으키는 교감신경 흥분도는 적당한 휴식이 있다고 해서 식진 않는다. 당신의 교감 흥분도는 워낙 높으니깐. 할 일 다 할 수 있다. 더 잘할 수 있다.

김 사장, 당신은 오늘의 한국이 있게 한 주역이다. 당신의 식지 않는 열정이 있었기에 한국은 이렇게 정상에 서게 된 것이다. 보이지 않는 사회 구석구석 수많은 김 사장의 피땀 어린 노력이 있었기에 가능했던 일이다. '김 사장'은 우리 모두의 모습이고 나의 모습이다. 이 책에서 이들을 통틀어 '김 사장족(族)'이라 부르기로 한다.

무엇을 위해
달려가고 있는가

김 사장의 일과는 아침부터 밤중까지 빡빡하다. 조찬 미팅이 없는 날엔 8시 출근, 9시 오전 회의, 세 시간을 꼬박 급하게 업무를 처리하고, 12시 지방 거래처 출장, 5시 회사 복귀 잔무 처리, 저녁 7시 이 사장과 미팅.

그도 모자라서일까. 이번 주말엔 마라톤 풀코스 도전이다. 살인적인 스케줄. 이건 과장이 아니다. 그도 모자라 마라톤까지. 거기다 순위, 기록에 신경을 쓰고 벌써 풀코스를 몇 차례 완주했노라고 기염이 대단하다.

나이 쉰, 깡마른 체구, 주름진 얼굴. 이미 머리가 희끗희끗, 듬성해졌다. 이대로 얼마나 더 갈 수 있을까?

이쯤 되면 스트레스 불감증이 아니라 아주 중독 상태. 정신의학적으로 스트레스 중독증이라 진단해도 다르지 않다. 이들은 빠르게 돌아가는 삶의 리듬에 너무나 잘(?) 적응해 왔다. 시간과 공을 들인 만큼 일이 잘 풀린다. 해서 웬만한 일에는 아예 스트레스를 느끼지도 못한다. 보통사람이면 KO가 됐을 텐데도 말이다. 웬만한 스트레스로는 느낌도 없고, 보다 더 강력한 자극을 원한다. 심지어 고통을 동반하는 정도라야 비로소 '일 좀 했다'고 생각한다.

풀코스 마라톤, 이거 아무나 할 수 있는 게 아니다. 저 일그러진 표정을 보라. 대개의 아마추어들은 힘든 고비를 만나면 걸어가거나 아예 포기다. 거기가 한계다.

하지만 우리 '김 사장족'에겐 한계가 없다. 강인한 의지로 잘 참고 넘긴다. 이 점에서 김 사장은 누구보다 자신 있다. 엄청난 내공으로 참고 견디는 건 누구도 못 따라온다. 오히려 그런 자극이 활력소가 된다.

완주도 엄청난 무리요, 스트레스지만 끝난 후엔 사지에 몰렸던 혈류가 다시 내장으로 몰리면서 엄청난 활성산소가 발생한다. 이게 노화의 주범이다. 쉰 살 김 사장의 대머리 백발은 여기에도 원인이 있다.

▌스트레스 중독(Stress Holic)

적정한 수준에서의 스트레스는 우리에게 신선한 자극제가 되어 심신에 활력을 가져다 준다. 문제는 만성적인 스트레스. 이게 만병의 근원이란 건 이젠 상식이다. 그래서 사람들은 어떻게든 스트레스를 줄이거나 해소해 보려고 무진 애를 쓴다. 때론 그 자체가 또 다른 스트레스를 만드는 악순환이 되기도 한다.

각설하고 스트레스는 현대인이면 누구나 짊어지고 산다. 싫다고 해서 피할 수 있는 것도 아니다. 그런데 그중에도 김 사장처럼 스트레스를 자청하는 사람이 있다. 이들은 집 안에서 가만히 있는, 정적(靜的)이고 편안한 것을 못 견딘다. 이들에겐 휴식이 곧 고통이다. 해서 계속 뭔가를 해야 하는 '일중독(Workaholic)'에 걸린 사람이다.

김 사장의 끝없는 스트레스 추구, '스트레스중독' 상태가 지속되면 교감신경의 과잉, 만성 흥분을 부르고 부교감신경이 상대적으로 열세에 빠진다. 이런 상태가 오래 지속되면 가장 먼저 면역 시스템이 붕괴되기 시작한다. 휴식을 통해 피로감을 회복하고 에너지를 충전하는 것은 스트레스로 인한 조직손상을 수리, 회복하고 면역 시스템을 강화하는 대단히 중요한 기능을 한다. 이게 약화되어 면역 시스템이 붕괴되면 까닭 없이 잔병이 많아지고 끝내는 암이라는 불청객도 피하기 어렵다.

▌스트레스에 민감하라! 만성피로의 경계경고

김 사장족이 알아야 할 첫 번째 과제는 일단 스트레스 부하가 한계를 넘어가고 있다는 걸 인식하는 일이다. 그래야 다음 대책이 나온다. 행여 김 사장과 같은 스트레스 중독인가 의심이 가거든 아래 설문을 체크해 보기 바란다.

□ 귀가 시간이 늦다.

□ 일을 집에도 가져가서 한다.

□ 식사하며 일을 하거나 아예 거른다.

□ 운전하며 전화를 한다.

□ 주말에도 출장을 잡는다.

□ 휴가를 자꾸 미룬다.

□ 일과표에 빈자리가 없다.

□ 간단한 운동도 할 시간이 없다.

□ 갑자기 일이 없어 시간이 남으면 허전하다.

□ 가족과의 식사 시간을 가진 지가 오래다.

항목당 1점씩 점수를 매겨 보자. 어떤가? 7점 이상이면 당신도 김 사장처럼 중증 스트레스 중독이다. 참고로 김 사장은 10점 만 점이었다.

김 사장의 문제가 더 심각한 건 그는 아예 스트레스를 못 느낀다는 데 있다. 스트레스 중독은 물론이고 일차적인 문제는 이들이 스트레스를 못 느끼고 있다는 데 있다. 몸이 위험신호를, 경고를 보내고 있는데도 당장 하는 일에 빠져 모르거나 무시하거나, 달리 생각을 할 겨를이 없다. 피곤한 줄도 모르고 스트레스가 한계치를 넘고 있는데도 그냥 달리고 있는 것이다.

물론 스트레스는 주관적이다. 남들이 보기엔 어렵고 귀찮은 일이라도 자신이 즐긴다면 큰 탈이 나진 않는다. 엄청난 스트레스도 김 사장은 즐거운 마음으로 잘 해내고 있다는 게 그나마 다행이다. 하지만 그것도 정도 문제다. 스트레스는 작건 크건 세포에 손상을 입힌다. 빨리 회복하지 않고 방치해 두면 우울증에 그치지 않고 만병이 따라온다. 스트레스가 위험한 건 그래서다. 이렇게 무서운 스트레스를 스스로 불러들인다는 건 일종의 자학이요 자해행위나 다름없다. 당신이 가진 고유한 삶의 리듬을 되찾아야 한다.

무엇을 얼마나
더 원하고 있는가

　　김 사장은 한마디로 잘나간다. 열정적이고 유능하다. 사업도 잘된다. 목표는 점점 높아지고, 또 그만큼 잘 해내고 있다. 가족 관계도 원만하다. 거기다가 운까지. 이렇게 모든 게 생각대로 잘 풀려 주니 김 사장은 자신의 성공에 완전 도취된 상태다.

　　김 사장의 현재 상태에 대한 뇌과학적 진단은 '도파민 도취증' 이다. '도파민(dopamine)'은 뇌 속 신경전달 물질의 하나인데 강력한 도취 호르몬이다. 뇌 속에 이게 분비되면 대단히 기분이 좋아진다. 아주 황홀하다. 그 상쾌한 기분을 한번 맛보면 잊지 못해 계속하고 싶어진다.

우리가 모르는 걸 배워 알게 될 때 '아! 그래서 그랬구나!' 하며 무릎을 치는 때의 기분. 어려운 수학문제를 푸느라 끙끙거리다 마침내 문제가 풀렸을 때 그 통쾌한 기분. 이때 분비되는 게 바로 도파민이다. 공부를 많이 해 문제를 잘 풀면, 성적이 올라가고 칭찬도 듣고 상도 받는다. 성취의 기분뿐만 아니라 엄청난 보상도 함께 뒤따른다.

이를 심리학에선 '강화학습(Reinforcement Learning)'이라 부른다. 공부에 재미를 들인다는 건 바로 이런 상태를 말한다. 이쯤 되면 공부를 않고는 못 배기는 공부 벌레가 된다.

만약 당신이 그다지 공부에서 재미를 보지 못해 공감이 안 된다면, 운동을 예로 들어 보자. 테니스를 배워 본 사람이면 안다. 처음 시작할 때는 정말 짜증난다. 공을 치는 시간보다 주우러 다니는 시간이 더 많다. 차츰 공이 오가며 랠리가 이어지고, 나중엔 발리 (공이 땅에 닿기도 전에 치는)가 되고, 네트 플레이, 스매싱도 성공하고….

이렇게 한 단계씩 기술이 늘어날 때마다 그 통쾌한 기분은 말로 표현하기 어렵다. 이게 도파민 도취다. 한 번 이 맛을 알고 취하면 계속 더 하고 싶어진다. 선수가 되고, 우승하고, 칭찬도 받고 그야말로 기분 째진다. 의욕이 용솟음치고 피곤한 줄도 모른다. 그리고 더 강한 자극, 더 큰 보상을 원하게 된다.

194

▍욕심, 도파민적 가치관

도파민 도취증. 이것에 빠진 사람들은 보상이 따르는 일에는 적극적이고 공격적이다. 그리고 성공을 거두면 황홀감에 도취된다. 그러곤 더 큰 성공을 위해 끊임없이 도전한다. 피곤한 줄도 모르고 휴식도 모른다. 스트레스? 아예 느끼지도 못한다. 앞에서 봤지만 '피곤'이란 우리가 건강하게 살기 위해 아주 중요한 신호의 하나인데도 이들은 신경 쓰지 않는다.

더 큰 성공, 더 큰 자극. '더, 더, 더' 신화에 빠져 버린 것이다. 자신만만이 도를 넘으면 자기 능력을 과신하게 되고 겁이 없다. 흥분과 도취는 차츰 격함으로 치닫고 성급해지기 시작한다. 더 큰 성공을 위해 마음이 급해지는 것이다. 느림의 아름다움과 슬로 페이스를 이해하지 못하고 견디지 못한다.

이쯤 되면 실수가 없을 수 없다. 책임도 못 질 말을 함부로 내뱉기도 한다. 잠도 편안하게 못 잔다. 여기저기 손을 대지만 끝을 맺지 못하는 등 주의가 산만해지기 시작한다. 정신의학적으로 이런 상태를 '경조증(輕燥症)'이라고 부른다. 어느 누구라도 이런 상태를 오래 못 견딘다. 결국 쓰러진다. '완전연소 증후군(burn-out syndrome)'에 빠진다. 이게 도파민 중독증의 딱한 말로이고, 이게 성공한 현대인의 딱한 모습이요, 잘살게 된 나라의 고민이다.

도파민적 가치관은 필연적으로 더 큰 것, 더 좋은 것, 더 새것…

끝없는 '더'를 추구한다. 사람 욕심엔 끝이 없다는 건 도파민 때문이다. 이 물질이 발동하면 기분도 좋아지고 성공하고 보상이 따르는 황홀감에 도취되는데 누가 싫다고 하랴. 계속 '더, 더' 하고 욕심을 내게 된다. 욕심 앞엔 염치도 체면도 없다. 절제가 되지 않아 품격이라곤 찾아볼 수 없는 천박한 인간이 되기 쉽다. 욕심이 과하면 물의도 빚고 부정인들 왜 안 할까. 온갖 정치 사회 문제가 여기서 비롯된다. 어떤 개인도, 어떤 사회도 이 끝없는 '더' 욕구를 충족시킬 순 없다. 그래서 결국엔 불평불만으로 끝난다.

왜 이 지경까지 갈까. 인간의 뇌는 한계가 있다. 이걸 알아야 한다. 그렇게 많은 일을 하면서 쉬지도 않고 잠도 안 자고 해 보라. 뇌 기능이 제대로 돌아갈 수 없다. 마음이 바쁘면 실수도 하게 되고, 마음만큼 효율도 따라 오르진 않는다. 이런 상태를 '뇌피로증후군(Brain Fatigue Syndrome)'이라고 부른다. 문제는 이렇게 마음이 바쁜 사람은 정작 피로를 못 느낀다는 사실이다. 뇌는 더 이상 일을 할 수 없는 KO 상태인데도 본인은 계속 뭔가를 더 하고 싶어 한다.

▪ 피로에 지친 당신을 외면하지 마라

이제 '더, 더'를 그만 외치고 현재 자신의 모습을 돌아보자. 지금 그만하면 성공적인 인생이다. 그런데도 욕심의 함정에 빠져 당신의 뇌는 한순간도 쉬지 못하고 있지 않은가. 본인은 크게 의식 못해도 뇌피로도 측정을 해 보면 알 수 있다. 피로를 아는 것만으로도 중요하다.

□ 밤중에도 잠이 깰 때가 있다.

□ 머리가 멍할 때가 있다.

□ 아침에 일어날 때 몸이 가뿐하지 않다.

□ 생각이 정리가 잘 안 된다.

□ 눈이 뻐근하며 쉽게 피로하다.

□ 목, 어깨 결림이 있다.

□ 몸을 크게 쓰지 않는 데 나른할 때가 있다.

□ 감기 기운이 잦다.

□ 두통이 자주 있다.

□ 기억이 깜빡깜빡할 때가 있다.

몇 개나 체크 되었나? 3개 이상이면 '아 내 뇌가 피로한 상태에 있구나' 하고 인식해야 한다.

뇌가 감당하기 어려운 자극, 즉 스트레스는 대뇌변연계의 시상하부에 손상을 입힌다. 여기는 ①자율신경계 ②내분비계 ③면역계의 중추이며 생명과 직결되는 중요한 기능을 담당하고 있다. 과로로 인해 여기가 손상을 입게 되면 어떻게 될 것인가?

▮ 세로토닌 휴식

이럴 때 처방은 딱 한 가지. 뇌를 쉬게 하는 일이다. 일단 일을 놓고 얼마간의 멍청한 시간을 갖는 일이다. 창밖에 떠가는 구름을 멍하니 바라보는 것도 좋다. 누구나 쉽게 할 수 있는 이 휴식은 짧지만 뇌에는 상큼한 청량제가 될 수 있다.

그것으로 안 되면 사무실을 떠나 뜰을 거닐거나 가까운 공원을 어슬렁거려 보는 것도 좋은 방법이다. 새소리, 물소리, 바람소리에 귀를 기울이고 숲 속의 맑은 공기를 마셔 보자. 기분이 한결 가라앉고 잔잔한 느낌이 올 것이다. 이게 세로토닌 상태다.

도파민 과열상태에는 차분한 세로토닌만큼 좋은 치유제가 없다. 뇌를 주로 쓰는 '지식 노동자(Knowledge worker)'는 일을 하는 동안 주로 논리적이고 지성적인 좌뇌를 많이 쓴다. 실제로 이때 뇌온도를 측정해 보면 좌뇌가 우뇌보다 높다. 과열 상태다. 이래선 머리가 제대로 돌아갈 수 없다. 식혀야 한다. 그때 좋은 방법이 감성적인 우뇌를 쓰는 것이다. 오감을 기분 좋게 자극하는 숲 속 산책이 효과적인 휴식이 되는 건 이 때문이다. 이럴 땐 좌뇌적 교감 흥분이 가라앉고 차분한 우뇌적 부교감, 세로토닌이 분비되기 때문이다.

그도 저도 안 되면 여행을 떠나 보자. 특별한 계획이 없어도 좋다. 그럴수록 더 좋다. 무작정 발걸음 가는 대로 가고, 기분 내키는 대로 먹고 자고, 훌훌 떨치고 한 마리 자유로운 새가 되는 것이다. 이 모든 과정의 핵심은 오감을 즐겁게 자극하는 일이다. 뇌 피로에 이보다 좋은 치유제는 없다.

그러나 무엇보다도 이 지경이 되기 전, 당신의 끝없는 욕심으로 뇌가 지치기 전에 과감하게 쉬어라. 그렇게 함으로써 뇌의 열을 식힐 수 있다. 지금 당신의 뇌는 '열불'이 나고 있다. 실제로 뇌 온도가 상승된 상태다. 이런 상태에선 뇌 기능이 제대로 작동될 수가 없다. 자동차 엔진도 과열되면 불이 난다. 열을 식혀야 한다. 그게 휴식이다.

한 번에
몇 가지 일을 하는가

　김 사장은 오늘 아침도 출근 준비에 정신이 없다. 아침을 먹으
면서 신문을 펼쳐 들고 텔레비전까지. 서류가방, 휴대전화를 챙기
며 아내와 이야기를 한다. 휴대전화가 안 울리면 그나마 다행이
다. 도대체 한 번에 몇 가지인가. 김 사장의 아침 한 시간은 바쁘
고 놀랍다. 이런 광경은 출근만이 아니다. 이 '김 사장족'은 생활
곳곳에서 이런 슈퍼맨 같은 기질을 발휘하고 있다.

　폴란드에서 온 기자가 한국에 와서 제일 놀란 건 대형마트라고
한다. 산더미처럼 쌓인 상품과 수많은 사람이 북적이는 데 먼저

놀랐다. 그리고 뭘 그리 많이 사는지, 하나 가득 실은 카트에 놀랐다고 한다. 그중에서도 가장 놀란 건 계산대 아가씨의 빠른 머리와 손놀림이다. 한 손으로 자판을 두드리면서 다른 손으로 계산된 물건을 밀어내고, 봉투에 넣고, 현금을 세고. 그러고도 정확히 계산한다는 게 신기하기 짝이 없다. 외국에서라면 10분은 족히 걸릴 계산을 눈 깜짝할 사이에 해치운다.

"한국이 그냥 발전하는 게 아닙니다."

혀를 내두르며 내린 그 외국 기자의 결론이다. 그래서일까? 우리는 한 번에 몇 가지 일을 하는 게 습관처럼 되어 버렸다. 목욕탕에서 신문 보기, 사우나 안에서 달리기는 약과다.

▮ 교감 활동과 부교감 활동

우리가 일상에서 하는 활동은 크게 두 가지. 경쟁적인 활동과 편안한 휴식성 활동이다.

생존경쟁을 위한 적극적인 활동을 할 적엔 교감신경이 흥분된다. 교감신경이 자극되면 우리 몸은 일종의 전투태세에 들어간다. 숨이 거칠고 혈압이 오르고 맥박도 빨라진다. 팔다리 근육에 피를 많이 보내야 하기 때문이다. 이렇듯 교감신경성 활동은 에너지를 소모하는 시간이다. 이럴 때 우리 뇌 속엔 노르아드레날린(noradrenaline)이 분비되며 이런 상태를 스트레스라 부른다.

> • 경쟁적 활동＝에너지 소모＝교감신경 흥분＝노르아드레날린 분비
>
>   ＝스트레스

이름은 다르지만 모두 같은 상태를 말한다. 어느 쪽으로 불러도 된다.

편안한 휴식을 취할 적엔 부교감신경이 활성화된다. 부교감신경은 교감신경과 함께 자율신경계를 구성하는 신경이다. 부교감신경이 활동하면 교감성 활동으로 흥분된 상태를 억압, 진정시켜 몸의 균형을 유지한다. 교감으로 빨라진 맥박을 진정시켜 심장 기능의 균형을 잡아 준다. 경쟁적인 활동 동안 억제된 내장기능을 촉진한다. 휴식을 위한 편안한 시간은 부교감신경이 활발한 상태이며 에너지를 보충·충전하는 시간이다. 이때 우리 뇌 속에는 세로토닌이 분비되며 잔잔한 감동과 함께 행복감이 온다.

> • 휴식성 활동＝에너지 비축＝부교감신경 흥분＝세로토닌 분비
>
>   ＝행복감

이렇게 전혀 상반되는 신경계통이 따로 있는 것은 활동과 휴식의 균형을 효율적으로 잘하기 위해서다.

문제는 김 사장족처럼 휴식 없이 계속 활동을 하는 경우다. 에너지 보충 없이 계속 소비만 해 보라. 언젠가는 바닥이 난다. 실제로 한국 CEO 정신분석을 전문으로 하는 정혜신 박사의 조사연구에 의하면 교감 대 부교감 활동 비율이 80대20으로 기울어져 있어 휴식시간이 절대적으로 부족하다. 이상적으로는 활동한 만큼 휴식을 해야 하니 50대50이어야 하는데 한국의 김 사장족은 완전 불균형이다.

더구나 이들은 일단 활동을 하면 치열하게 한다. 맹렬한 스피드다. 이런 상태를 뇌과학에선 '편도체 과열'이라 부른다. 무섭게 질주하기 때문에 공격적이고 때론 파괴적일 수도 있다. 그래서 더욱 걱정이다.

이게 더 심각한 난조를 일으킬 때는 전혀 상반된 성격의 일을 한번에 하는 경우다. 김 사장족이 자주 하는 '비즈니스 런치(business lunch)'를 생각해 보자. 식사하면서 사업 이야기를 하는 경우 동원되는 신경이 아주 반대다. 식사는 본능적 행동이라 즐겁고 행복한 부교감 운동이다. 거기에 사업 이야기는 경쟁성 교감 활동이다. 이걸 동시에 해 보라. 우리 몸은 누구 말을 들어야 하나. 이래서야 밥맛이 날 리도 없거니와 소화도 잘 안 된다. 전쟁을 치르는 병사가 무슨 밥이며 소화랴. 뭘 먹었는지 기억도 안 나고 배만 더부룩할 뿐이다. 거기다 계속 휴대전화는 울리고.

목욕은 부교감, 신문은 교감이다. 이 둘이 함께 갈 순 없는 일이

다. 교감은 심장을 빨리 뛰게 하고 부교감은 느리게 한다. 양쪽을
같이 자극하면 심장은 어느 쪽 편을 들어야 할까 혼란에 빠질 수
밖에 없다. 이런 상반되는 일이 자주 반복되면 심장조절이 난조에
빠져 기능부전을 일으키게 된다.

ː 내가 할 일을 효율적으로 가지 치기

워낙 바빠 한 번에 여러 일을 하다 보니 '하면서 족(族)'이 등장하
는 한국사회다. 그런가 하면 '몸 따로 마음 따로 족(族)'도 있다.
몸이 집으로 퇴근했으면 마음도 함께 와야지. 마음은 사무실에
아직 한창 일에 바쁘다. 몸은 돌아와 아이와 인사도 나누고 안아
주기도 하지만 지극히 건성이다. 대화도 겉돈다. 무슨 소릴 하는
지 알아듣지도 못하고 들리지도 않는다. 마음이 콩밭에 있으니
가족과의 단란한 시간에도 행복이 뭔지 느껴볼 여유가 없다.

우리는 하는 일이 너무 많다. 물리적으로 너무 바쁘다. 잠시도
앉아 있질 못한다. 김 사장에게 아무 일 않고 가만히 앉아 쉬라는
건 형벌이다. 손이든 머리든 자꾸만 뭔가를 해야 한다. 원하는 게
많을수록, 움켜쥘수록 얻는 건 적어진다는 이 간단한 진리를 왜
이들은 외면하는지.

필자는 이들에게 짧게나마 무위(無爲)의 시간을 가지는 습관

을 권하고 싶다. 그냥 아무 생각 없이 멍청하게 있어 보는 것이다. 머릿속은 텅 빈 공백상태. 이럴 때 과열된 뇌가 식는다. 바쁜 김 사장족에게 이보다 더 효과적인 휴식이 없다. 명상을 하라는 게 아니다. 하면 좋겠지만 김 사장족에겐 이보다 힘든 일이 없다는 걸 필자는 안다. 일하면서 잠시 기지개를 켜고 몸을 뒤로 젖힌 채 가만히 있어 보라. 참 편안한 기분이 될 것이다. 그것으로 충분하다.

모처럼의 우리 선마을 나들이도 이들에겐 고역이다. 몸은 산에 있어도 마음은 지금도 도심의 사무실에서 비즈니스에 바쁘다. 산에 와도 산이 보이지 않는다. 난 그의 눈을 보면 안다. 초점이 흐려져 있다. 워낙 교감신경의 흥분이 오래되고 높아서 이걸 평상으로 끌어내리려면 최소 48시간은 걸린다는 게 그간의 내 경험이다. 그래야 교감성 흥분이 잦아들고 부교감성 진정이 온다. 이제 완전한 휴식이다.

선마을 기본 프로그램이 2박3일로 되어 있는 건 이 때문이다. 하지만 김 사장족은 이 기간을 못 견딘다. 모든 과정을 하루 만에 끝내려 한다. 참 딱하다.

자신이 오늘 하루 어떤 활동을 하고 있는지 한번쯤 돌아보자. 교감·부교감 활동의 균형이 그런대로 잘 잡혔는지 돌아보자는 것이다. 한번 정리해 보면 놀랄 것이다. 당신의 생활은 지나치게 교감 우위의 활동이 많을 테니. 교감·부교감의 균형을 잘 조절해야 한다.

얼마나 어떻게
쉬고 있는가

김 사장은 무엇을 해도 치열하게 한다. 적당히, 즐기면서가 없다. 일은 물론이고 술을 마셔도 2차, 3차 끝이 없다. 중요한 축구 경기라도 있는 날이면 아예 전투태세다. 저 치열한 함성을 들어보라. 응원이 아니다. 의자를 박차고 일어난다. 바닥을 뛰기도 하고 통탄의 주먹을 흔들기도 한다. 광적이란 표현이 전혀 과장이 아니다.

지난 반세기 김 사장족을 필두로 우리 국민 모두 치열하게 달려왔다. 밤낮이 없었다. 눈에 불을 켜고 온 지구를 누비고 다녔다.

경쟁의 연속이었다. '교감홍분=노르아드레날린 분비=스트레스'의 연속이었다. 그러곤 스포츠에 열광하고 디스코에, 술에, 도박에 빠지기도 했다. '스트레스 해소'라는 이름 아래. 이게 우리의 지난 반세기였다.

우리는 잘 달려 왔다. 신나게 달려 왔다. 상상도 못 할 엄청난 성공을 거두었다. 가히 기적을 일구어낸 자부심과 자긍심에 들떠 있었다. 도파민 도취증에 취해 있었다. 이건 물론 치열한 경쟁의 보상이기도 했다. 여기까진 좋다. 이해가 된다.

하지만 여기서 더 나아가 더 큰 쾌락의 '엔도르핀(endorphine) 중독'으로 넘어가면 사태는 아주 심각해진다.

엔도르핀은 환희와 극치감을 부르는 강력한 쾌락 물질이다. 우리 축구팀이 한 골 넣는 순간, 경마장에서 내 말이 일등으로 달려가는 순간, 술에 취해 세상이 몽롱해지는 순간, 카지노에서 잭팟이 터져 돈이 좌르르 흐르는 순간. '아, 그 절정의 기분이라니!' 온 세상이 내 것 같다.

문제는 그 다음이다. '한 번 더, 다시 이 맛을!' 하지만 이게 쉬오지 않는다. '딱 한 판만 더!' 하지만 그 한 판은 끝내 오지 않고 결국엔 패가망신한 사람이 한둘이던가. 이게 도박 중독, 엔도르핀 중독의 비참한 말로다.

이쯤 되면 '도파민 도취와 엔도르핀 중독'이라는 '두 개의 덫'에 빠진다. 절제를 모르는 우리에겐 이 둘의 합작은 개인은 물론이고 우리 사회 전반에 엄청난 파장을 일으킨다.

▋ 고약한 쾌락 물질 엔도르핀에 속지 말자

스트레스 폭력성 범죄, 극단적인 노사분쟁, 극렬한 데모, 술·담배·도박·인터넷 중독…. 좋을 것 없는 이런 타이틀도 우리 사회는 세계 정상권에 올라 있다. 좋은 의미로 세계 상위인 것도 많지만 이건 극과 극이다. 이게 모두 우리 한국 사회의 심각한 사회정신병리 현상을 만들고 있다. 나라의 품격이 말이 아니다.

여기서 다시 엔도르핀에 대한 이야기를 해야겠다. 엔도르핀 역시 신경전달물질 중 하나이며 쾌감, 흥분을 일으키는 점에선 도파민과 기전은 다르지만 비슷하다. 다만 그 강도(强度)나 중독성에서 도파민보다 훨씬 강하다. 엔도르핀은 '뇌 속에 있다'는 뜻의 'Endo'와 아편(모르핀, Morphine)의 합성어다. 모르핀보다 수십 배나 강력하다. 따라서 굉장한 쾌감이나 환희, 절정감을 동반하지만, 문제는 앞에서 언급했듯이 강한 중독성이다.

사람들은 한때 엔도르핀을 마치 행복물질처럼 생각했다. 행복의 대명사처럼 여겨, 엔도르핀 활성화를 위한 생활 운동 같은 게 펼쳐지기도 했다. 이건 지금도 다르지 않다. 하지만 이건 오해다. 천만의 말씀이다.

208

잔잔한 감동이 주는 행복은 세로토닌이다. 행복이란 아련히 밀려오는 것이지 엔도르핀처럼 강력하고 격한 감정이 아니다. 또한 세로토닌은 중독 현상이 없지만 엔도르핀은 그 중독성에서 위험한 물질이기도 하다.

이 둘은 다 같이 흥분성 쾌감물질로서 기전도 다르지만 기능에서 두 가지 크게 차이점이 있다.

세로토닌과 엔도르핀

	세로토닌	엔도르핀
쾌감의 정도	• 아련하고 차분한 행복감	• 격렬하고 환희, 절정감
중독성	• 없다	• 강렬한 중독성
전제	• 연인이 손잡고 조용히 마주 볼 때 • 술 한두 잔	• 연인의 격렬한 포옹 • 술 한두 병

물론 살면서 어찌 희열과 환희의 절정감이 없을손가. 화끈한 한국사람의 기질엔 엔도르핀이 딱 맞는 듯 보인다. 더구나 치열한 경쟁이 가져오는 스트레스 해소엔 엔도르핀만큼 효과적인 것도 없다. 문제는 적당해야 한다. 즐기되 거기에 빠져선 안 된다.

마라톤을 할 때 선수들이 힘든 고비를 넘기지만, 어느 순간 큰 고통을 못 느끼고 오히려 편안하기까지 할 때가 있다. 이게 '러너스 하이(Runner's High, 격렬한 운동 후에 맛보는 도취감)'다. 극심한 고통을 완화하기 위해 뇌에서 아편보다 더 센 진통제, 엔도르핀을 분비하기 때문이다. 나는 마라톤을 반대하는 것도 아니고, 그 위험성을 말하자는 것도 아니다. 다만 김 사장족의 끝없는 스트레스 추구와 지나친 자극, 쾌락에 무감각함이 걱정되어 하는 소리다.

지금 우리 사회가 차분하고 합리적인 이성은 마비되고 모두는 흥분 일색, 너무 들떠 있진 않은가. 이런 상태가 오래갈 수 없는 건 상식이다. 계속 이랬다간 우리 몸이 지쳐서도 감당을 못 해낸다. 브라질의 그 광적인 삼바 축제가 끝나면 온 나라가 가벼운 우울증상태에 빠진다는 보고가 이해가 된다.

도파민 도취와 엔도르핀 중독은 필연적으로 불안, 좌절을 부르고 이게 자칫 우울, 자살 충동을 유발할 수 있다는 걸 주의하자. 알 수 없는 분노가 사회를 향해 분출되기도 하고, 참으로 끔찍하고 무서운 일이 벌어지기도 한다. 상식으로 이해할 수 없는 어이없는 일탈, 범죄 행위가 일어나는 것도 절제 없는 흥분 일색이 불러오는 우리 사회 비극의 현장이다.

▌거친 마음을 다스려줄 여유

우리가 이 시점에서 세로토닌 사회 문화 운동을 펼치고 있는 건 그래서다. 이젠 좀 차분해야겠다. 그래야 비로소 개인도 나라도 품격이 생겨날 게 아닌가. 어떻게 하면 우리의 감정을 차분하게

210

다스리고 품격 있는 생활이 될 수 있을까?

격렬한 운동 후 땀을 뻘뻘 흘리다 교실에 앉으니깐 공부가 되던가. 취침 전 격렬한 운동도 잠을 방해한다. 어느 쪽이든 교감신경의 흥분이 가라앉지 않았기 때문이다. 교감에서 부교감으로 스위치 전환이 완전히 일어나야 활동에서 휴식모드로 들어갈 수 있다.

이게 잘 안 되는 사람이 있다. 대표적인 사람이 김 사장족이다. 이들은 만성적인 교감흥분 상태에 있기 때문에 부교감성 휴식상태로 들어가기가 대단히 어렵다. 호흡도 맥박도 느려지고 편안한 휴식상태로 들어가야 할 시간에도 계속 흥분상태가 지속된다. 이게 '자율신경부조증'이다. 아무리 몸과 마음을 조용히 가라앉히려 해도 잘 안 된다. 그럴수록 더 흥분된다. 자율신경은 내 의지대로 조절되는 게 아니다. 하지만 우리 김 사장족은 무슨 일이든 강한 의지만 있으면 다 된다는 확신을 갖고 살아온 사람들이다. 막 밀어붙인다. 때론 억지도 쓴다. 그럴 수도 있다. 하지만 자율신경은 내 의지대로 말을 듣지 않는, 스스로의 리듬에 의해 움직인다. 말 그대로 자율신경이다.

휴식도 일처럼 경쟁하듯 치열하게 하는데, 그건 아니다. 일단 격하고 급한 호흡부터 조절해 보자. 자율신경은 우리 의지대로 조절되지 않는, 김 사장족 표현대로 '고약한 신경'이다.

'강한 의지만 있으면 되지. 안 될 게 뭐가 있나?' 하지만 자율신경만은 내 명령권 밖에 있다. 왜냐하면 이건 생명과 직결되는 중

211

요한 기능을 하기 때문이다. 이마저 우리 의지대로 조절할 수 있게 되었다간 지금쯤 김 사장족은 이 세상 사람이 아닐 것이다.

각설하고, 참 다행인 것은 자율신경을 조절할 수 있는 유일한 방법은 호흡조절이다. 이건 우리 마음대로 할 수 있다. 또 이를 통해 자율신경을 조절할 수 있다는 건 축복이요, 행운이다. 교감으로 흥분되면 호흡이 얕고 빠르고 때론 거칠다. 김 사장족은 평소에 이렇다.

일단 호흡을 천천히 한다. 자세를 반듯하게 하고 아랫배(단전)로 호흡하면 더 효과적이다. 가늘게, 깊게, 부드럽게. 천천히 내쉬기부터 한다. 등에 닿는 기분으로 아랫배를 뒤로 밀어붙여 본다. 숨을 다 내쉬었다 싶을 때, 한 번 더 내쉰다. 내 몸에 있는 모든 찌꺼기, 부정적인 생각, 감정을 다 쏟아낸다. 그런 다음 흡기는 절로된다. 그렇게 세 번만 해 보자. 마음이 편안해지는 걸 확실히 느낄수 있다.

어떻게 스트레스를
풀고 있는가

"잘 쉬고 있습니다. 헬스장도 나가고 수영, 요가도 하고요."

걱정스레 쳐다보고 있는 나를 안심시키려는 듯 김 사장이 환하게 웃어 보인다.

"얼마나 하십니까?"

"꼬박꼬박 하루 30분은 빠지지 않고 합니다."

"그 바쁜 일과에 용케 틈을 내셨네요."

"어쩝니까? 주치의가 하라는데."

난 김 사장의 꽉 찬 일과를 잘 알고 있다. 눈코 뜰 새 없다. 그런 살인적 일과에 또 수영시간을 낸다니, 더 이상 비집고 들어갈 여유가 정말 없는데 말이다. 글쎄, 과연 그가 규칙적인 운동으로 건강한 뇌를 회복했을까?

사실 이건 스트레스 해소는커녕 더 키우는 꼴이라는 걸 알아야 한다. 어떻게든 해치워야 하는 또 하나의 새로운 일거리를 만든 것이다. 다른 일을 30분 줄이거나 스케줄을 취소하고 하는 수영이 아니다. 다하고 거기다 또 수영 시간을 보냈으니 하는 소리다.

내가 정녕 걱정인 것은 그가 너무 잘나간다는 사실이다. 이게 문제를 더 심각하게 만든다. 우리는 지난 반세기 일 잘하는 능력이 중시되어온 시대를 살아 왔다. 워낙 후발 국가여서 남들보다 더 열심히 하고 좋은 성적, 높은 효율을 내는 게 당연했다. 하지만 이젠 됐다. 그만 했으면 됐다. 어느 나라에도 뒤지지 않을 만큼 이루었다. 이제는 쉬어 갈 줄 아는 능력이 필요하다. 잘 쉬는 능력도 다듬어야 하는 시대란 사실을 인식해야 한다. 자신의 템포에 맞는 여유를 찾는 능력을 길러야 한다. 일을 잘하는 능력만큼 잘 쉴 수 있는 능력도 중요한 시대가 된 것이다.

이들이 제일 하기 싫어하는 게 아무것도 않고 가만히 있는 일이다. 못 견뎌 한다. 난장을 튼다. 조용히 앉아 쉬라는 건 이들에겐 형벌과 다름없다. 어쩌다 생기는 잠시의 여유도 반가워하긴커녕 오히려 스트레스다. 쉴 줄 모른다. 계속 움직여야 한다.

김 사장족은 수첩에 빈 공간이 발견되면 그만 불안해진다. 중요한 약속을 빠트린 건 아닌지, 깜빡하고 큰 실수를 하게 되는 건 아닌지 비서를 불러 닦달을 한다. 확인 또 확인이다. 역시 여백이다. '휴우!' 하지만 다음 순간 또 불안해진다. 남들은 쉼 없이 뛰고 있는데 아무 일 않고 빈둥거리다니 이러다 박물관 미라 신세가 되는 건 아닌가? 뭔가를 해야 한다. 일거리를 만들어야 한다. 빈칸을 메워야 한다. 마음에 무슨 큰 구멍이나 난 듯 좌불안석이다.

여기저기 전화를 걸어 '번개 미팅'을 주선한다. 사전예고나 약속도 없이 그날 컨디션에 따라 즉흥적으로 하는 모임이다. 그게 마땅찮으면 긴급 회의라도 소집한다. 무슨 급한 일인가 싶어 모여들지만 별 게 아니다. 이게 김 사장족의 습관성 안달증이다. 잠시 여유가 있으면 이렇듯 아주 벌집을 쑤셔 놓곤 한다. 이런 현상을 정신의학에선 '여백(餘白)증후군'이라 부른다.

▋쉬는 것도 현명하고 품격 있게

하긴 이건 김 사장만의 문제가 아니다. 선마을을 찾아오는 CEO나 대기업 간부들, 소위 '김 사장족' 모두가 일은 잘하는데 쉴 줄 모르는 사람들이다. 2박3일도 못 견뎌 1박2일, 아예 당일치기로 단칼에 모든 과정을 끝내려 든다. 과정도 마치기 전에 허둥지둥 하산하는 뒷모습을 바라보노라면 안쓰럽기도 하고 미안도

215

하다. 저들이 건강해야 우리나라가 부강할 텐데, 언제까지 저렇게 잘나갈 수 있을까 걱정이 아닐 수 없다.

'김 사장족'의 성격을 정신의학에선 'A형 성격(A-type character)'이라 부른다. 이들은 매사에 적극적이고 성공 지향적이며 경쟁적이고 대단한 야심가다. 어떻게 해서든지 이겨야 한다. 쉴 수가 없다. 행여 실수나 하랴 긴장 일색이다.

이런 상태가 10년 아니 20년, 평생 지속된다고 생각해 봐라. 의사가 아니라도 쉽게 알 수 있을 것이다. 몸이 견뎌낼 재간이 없다. 제일 치명적인 기관이 심혈관 계통이다. 이렇게 긴장 일색이면 당장 심장에 무리가 간다. 해서 이런 성격엔 '관상동맥 성격'이라는 별명도 있다. 심장병 발작 제1호란 뜻이다.

좀 느긋해야 한다. 여유가 있어야 한다. 정말 시간이 없다고 모르는 척할 것이 아니라, 지혜롭게 여유 시간을 만들어 내야 한다. 사소한 일에까지 안달이나 아등바등 말자. 기억하라. 당신 신경계통에도 '휴식'이라는 단추가 있다는 사실을! 긴장 단추는 어떻게 작동하는지 알면서 이걸 푸는 단추가 있다는 사실을 모르고 있다.

▮ 당신은 어떤 휴식을 하고 있는가

우리의 김 사장족, 지금 이 순간 당신이 알아야 할 것은, 그리고 당장 해야 할 일은 쉬는 일이다. 이보다 더 중요한 일이 없다는 사실을 아는 능력이다. 그렇게 유능한 사람이 어떻게 이걸 모를까?

잠시 물어보겠다. 당신은 지난 1년, 다음 활동을 한 번이라도 한 적이 있는가? 없다면 0점, 두세 번이면 1점, 그 이상이면 2점으로 체크해 보라.

감성지수 자가 진단표			
당신은 지난 1년 동안…	없음	2~3회	3회 이상
재래시장을 가 본 적이 있는가?			
출퇴근 코스를 일부러 바꿔 본 적이 있는가?			
좋아하는 음악을 챙겨 들은 적이 있는가?			
공원 벤치에 앉아 커피나 도시락을 먹은 적이 있는가?			
꽃을 사서 장식하거나 누구에게 준 적이 있는가?			
저녁 노을을 보러 산, 바다에 가 본 적이 있는가?			
아늑한 느낌으로 별을 바라본 적이 있는가?			
하늘에 떠가는 구름을 바라본 적이 있는가?			
신선한 자극을 위해 산이나 숲을 찾은 일이 있는가?			
일부러 비를 맞고 걸어 본 적이 있는가?			
맨발로 잔디를 걸어 본 적이 있는가?			
편안하게 아무 일 않고 있어 본 적이 있는가?			
꽃, 나무와 대화해 본 적이 있는가?			
무작정 시골버스, 기차를 타 본 적이 있는가?			
영화, 연극, 음악회, 미술관을 가 본 적이 있는가?			
직업과 관련 없는 독서나 강연에 간 일이 있는가?			
삶에 대한 깊은 사색을 한 적이 있는가?			
벅찬 감동에 울어 본 적이 있는가?			
그때 그곳으로 추억 나들이를 한 적이 있는가?			
일부러 옷에 한껏 멋내 본 적이 있는가?			

원래 이 감성지수표는 40문항으로 이뤄져 있다. 그중 여기서는 유사 항목을 줄여 20문항으로 소개한다. 원래의 감성지수표(80점 만점)로는 선마을의 평균 점수가 남성이 25점 안팎이고, 여성은 그보다 5점 정도 높은 30점이다. 일본 남성 잡지에서 동일한 질문지로 실시한 결과도 우리와 비슷했다.

질문지를 한참 들여다보던 김 사장이 머리를 긁적이며 묻는다.

"이 박사님, 0점이면 어떻게 됩니까?"

멋쩍은 웃음을 짓는다. 사실 내 욕심으로는 20문항 40점 만점에 20점은 되어야겠는데.

굳이 몇 점이 나오는지 점수가 중요한 것이 아니다. 기준 점수가 있는 것도 물론 아니다. 틈을 내서 이런 경험을 자주 해 보면 좋겠다는 힌트를 준 것이다. 그게 무슨 대수라고? 웃지 말기 바란다. 이런 작은 낭만이 당신의 과열된 뇌를 식힐 수 있고, 신선한 자극제가 될 수 있다. 어려운 일도 아니다. 마음만 먹으면 지금 당장 할 수 있는 일들이다.

흙에 털썩 주저앉을 때, 메뚜기나 잠자리 잡으러 쫓아다닐 때, 까마득한 옛날이 자극된다. 그저 즐겁고 편안하다. 이게 원(原)체험이다. 그리고 이게 원시감정, 자율신경 사령부인 변연계를 자극하는 것이다. 기분 좋은 부교감 상태로 만들어 준다. 뇌과학에선 이를 변연계 공명이라는 아름다운 이름으로 부른다. 해 보면 왜 이런 일들을 권하는지 참으로 놀라운 경험이 될 것이다.

혼자만의
공간이 있는가

김 사장 사무실에서 적잖이 놀란 건 그 소박함과 검소함 때문이다. 코스닥 상장이 목표라는 그의 원대한 꿈에 비해 사무실은 너무 작고 초라해 보였다.

3층 사무실엔 20여 명의 직원이 빽빽이 앉아 바쁘게 움직이고 있다. 활기가 넘쳐 보였다. 사장실이 따로 있는 것도 아니다. 접견용 테이블에 의자 몇 개 더 있는 정도가 여느 직원과 달랐다. 운전기사가 따로 있지도 않고 비서가 있는 것도 아니다. 앞자리 총무 직원이 차를 날라주는 게 전부였다. 바쁘게 돌아가는 이 사무실에서 혼자 조용히 발 뻗고 쉴 형편이 전혀 아니다. 집이라고 다르지 않다. 애 욕심까지 많아 셋이나 된다. 40평 남짓 아파트라니까 자기 방이 따로 있는 것도 아니다.

도대체 이 사람이 언제 조용히 혼자의 시간을 가질 수 있을까? 난 그게 궁금했지만 묻지 않기로 했다. 대답이 뻔하기 때문이다.

"왜 혼자 있어야 되는데요? 직원과 함께 있어야 의논도 하고 좋잖아요. 혼자서 되는 일이 있습니까? 고객을 만나고 상담도 해야 하는데 언제 혼자일 시간이 있습니까?"

그가 무슨 말을 하려는지 난 안다.

하지만 내가 김 사장에게 권하고 싶은 건 그래도 혼자 조용히 있을 수 있는 '독방'이다. 권위를 내세워 운동장만 한 사장실을 따로 마련하란 뜻이 아니다. 기획을 위해서도 절대로 필요한 게 혼자의 공간이다. 휴식을 위해서도 그렇고 건강을 위해서도 김 사장족에게 이건 필수다.

우리가 다른 사람과 함께 있으면 자연히 긴장할 수밖에 없다. 아무리 만만한 친구나 가족이라도 어느 정도의 긴장은 필요하다. 그게 예의다. 그러면 자연히 교감신경이 작동, 스트레스가 발생한다. 혼자 있어야 한다. 산책을 하든, 술을 마시든, 침대에서 뒹굴든, 음악을 듣든, 혼자서 내가 하고 싶은 대로 해 보자. 이게 부교감 상태요 휴식이다. 거기서 새로운 아이디어, 발상이 떠오른다.

220

▌때론 세상으로부터 자신을 숨겨라

세로토닌 문화원에는 '아빠가 숨는 방'이라는 이상한 팻말이 붙은 방이 있다. 또 홍천 선마을은 '달러 박스 관리소', '40대 남성 보호소'라는 별칭이 붙어 있다. 이유는 간단하다. 한국의 번영은 어쩌면 이들의 희생의 대가로 이뤄진 것이라 해도 과언이 아니다. 이거 너무 딱한 얘기가 아닌가.

때론 병동에서 김 사장족을 만난다. 중증 간경화, 심장병, 암. 돌이킬 수 없는 중병으로 입원 중이다. 처음 얼마는 회사에서도 병실을 종종 찾아온다. 하지만 그리 길지 않다. 쓸쓸히 누워 천장만 멀뚱멀뚱 쳐다보는 김 사장족. 이게 내가 건강 마을을 만들어야 했던 큰 이유의 하나다.

한국의 40대 남성 사망률이 세계 최고다. 같은 연령 여성의 세 배라는 충격적인 보고다. 40대가 되면 우리가 원래 타고난 방어체력이 약해지기 시작한다. 스트레스나 질병으로부터 우리를 방어해주는 면역력, 자연치유력이 약해지기 시작하는 나이다. 거기다 이들의 생활습관은 가히 지옥이다. 술, 담배, 과로, 스트레스, 섹스 부족·운동 부족. 설상가상이다. 이들의 건강이 성할 리 없다. 암, 고혈압, 당뇨, 비만, 간장질환. 소위 생활 습관 병이 주로 40대에 발병하는 이유가 여기 있다.

40대는 가정의, 나라의, 그리고 회사의 기둥이다. 이들이 건강

221

해야 우리 사회가 튼튼해질 수 있다. 불행히 이들은 편히 숨을 틈도, 숨을 자리도 없다. 회사에서도 아직 독방을 차지할 형편이 아니다. 좁은 집에 애가 한둘이면 내 방은 따로 없다. 술 한잔 마셨다고 집에 돌아와 호기를 부릴 형편도 안 된다. 이미 왕이 된 수험생 자녀, 정신없이 공부하는 아이 눈치 보느라 귀가(歸家) 공포증에 걸린 딱한 아빠도 적지 않다. 밖에서 전쟁을 치르고 집에 들어와 샤워하고 나면 "후유"하고 숨을 돌릴, 나 혼자만의, 누구의 간섭도 받지 않는 자유의 공간이 필요하다.

집에서도 편치 않다면 이들의 교감신경 전쟁은 끝이 없다. 이들에게 얼마간의 자유 시간을 주자. 그 방에서 혼자 무엇을 하든 가만히 내버려 두자. 노크도 하지 말고. 제 발로 나올 때까지 그냥 내버려 두자. 이렇게 푹 쉬고 나면 부교감 상태로 되어 그제야 마음이 가족과 함께할 수 있는 휴식 모드로 돌아온다. 단란한 저녁 시간. 가족과의 따뜻한 대화도 그제야 가능해진다.

그리고 중요한 건 혼자, 누구도 의식할 필요가 없을 때 제멋대로의 자유로운 생각이 떠오른다. 정신분석에선 이를 'Free Floating Thought'라고 부르는데 이게 창조의 원천이 된다. 이럴 때 전혀 엉뚱한 생각이 떠오르기도 한다. 기상천외의 아이디어이지만 그게 때론 회사를 먹여 살릴 수 있는 기막힌 아이디어가 될 수도 있다. 꼭 나만의 독방이 어렵다면 공원이나 한적한 곳에 나가 혼자 머물러 보는 것도 좋다.

이젠 또순이식의 막무가내로 밀어붙이는 구멍가게 경영으로는 한계가 있다. 사업은 물론이고 당장 건강을 이어갈 수 없다. 보다 높은 차원의 품격 있는 아이디어로 승부해야 한다. 그래야 기업에 품격이 생기고 그런 상품이 잘 팔린다. 그러기 위해선 혼자만의 시간이 큰 무기가 된다.

▌ 자신을 멀리서 바라보는 시간을 가져라

"김 사장, 당신은 치료가 필요합니다. 체계적이고 본격적인 치료가 필요합니다. '내가 왜?' 펄쩍 뛰겠지요. 하지만 치료를 받아야 합니다. 김 사장, 당신도 알다시피 흔히들 스트레스를 'silent killer'라고 부르죠. 조용히 사람을 죽인다고요."

스트레스를 받으면 짜증이 나기도 하고, 두통과 불면증, 때론 소화도 안 된다. 하지만 이런 증상들은 심하지도 않거니와 일시적이다. 자기도 모르는 새 지나가기도 한다.

실은 이게 스트레스가 주는 경고인데도 김 사장족은 이를 들으려 하지도 않거니와 들어도 무시해 버린다. 커피, 술, 담배로 까짓 걱정일랑 태워 버린다. 그러곤 또 그 스트레스 정글 속으로 뛰어든다.

어느 쪽이든 스트레스 증후군은 초기엔 심각한 자각증상이 없

223

다. 그래서 무섭다. 병원에서 출혈성 궤양, 암이란 진단을 내려야 그제야 정신이 번쩍 든다. 하지만 그땐 병이 한참 진행되어 완치가 대단히 힘들다.

김 사장족은 시한폭탄을 안고 살아간다. 본인도 의식 못 하는 새 심지는 자꾸 타들어 가고 있다. 더 이상 미련을 떨지 말자. 불행히 스트레스란 어느 누구도 피할 수 있는 게 아니다. 맞서 싸울 수도 없고, 아예 없앨 수도 없다. 스트레스 해소라고들 하지만 이건 해소가 될 수 있는 게 아니다. 함께 살 수밖에 없다. 다만 서로 상처를 주지 않도록 현명한 방법을 연구해야 한다.

▍스스로 자유로워지는 15가지 방법

하나, 무슨 일이든 신나게 하자. 스트레스는 주관적이다. 내가 어떻게 생각하느냐에 따라 약도 되고, 병도 될 수 있다. 아무리 귀찮고 하찮은 일도 내가 즐겨 하는 이상 병을 만들지 않는다.

둘, 의미를 찾아라. 싫은 일 속에도 숭고한 인생의 의미가 담겨 있다. 이걸 읽어낼 수 있으면 병이 안 된다. 공부는 싫다. 하지만 왜 해야 되는지는 어린 개구쟁이도 알고 있다. 공부한다고 해서 병이 안 나는 건 그 의미를 알고 있기 때문이다.

셋, 한 박자만 늦추면 또 다른 세상이 보인다. 경쟁심리가

발동하면 마음이 급해진다. 걸음을 늦추고 호흡도 천천히 해보
라. 마음이 차분해진다.

넷, 과정을 중시하자. 목표지향적이 되면 무리도 빚고 부정도
저지른다. 정도를 밟아 착실하게 가자. 그게 마음이 편하고 끝내
이기는 길이다.

다섯, 애정과 감사로 사물을 대하라. 삶에 대한 애정과 감
사의 마음만큼 강력한 스트레스 치유제는 없다. 이렇게 살아 있
다는 것만으로도 정녕 고마운 일 아닌가!

여섯, 체념할 줄도 알아야 한다. 이제 와서 어쩔 수 없는 일,
내 힘으로 어떻게 할 수 없는 일, 그땐 체념할 줄 알아야 한다. 그
래야 새로운 일에 도전할 수 있다.

일곱, 운동 스트레스로 바꾸자. 스트레스는 대개 정신적·불
쾌한 피로다. 처방은 운동이다! 운동하는 동안, 또 후에는 기분이
상쾌하다. 운동 후 상쾌한 피로가 좋은 스트레스 중화제다.

여덟, 경쟁의 끝은 없다. 더 큰 것, 더 많은 것을 갈구하면, 언
제나 불평불만이고 끝내 중독에 빠진다. 분수를 알고 지족(知足)정
신으로 살자. 이만하면 됐다, 고맙다고 생각하는 순간 마음이 풍
요로워지고 편안해진다.

아홉, 인생에 양념을 쳐라. 삶의 악센트다. 증류수에는 고기
가 살 수 없다. 적절한 스트레스는 우리 삶을 더욱 건강하고 활력
이 넘치게 한다. 노 히트, 노 런, 노 에러. 당신도 그런 야구는 좋

아하지 않을 것이다.

열, 창조적 삶을 살아라. 창조의 과정은 힘들고 외롭다. 하지만 지적 자극은 우리 뇌를 젊고 건강하게 만든다. 힘든 과정을 거쳐 이루었을 때, 긍지와 자긍은 지금껏 쌓여온 모든 스트레스를 한 방에 날려 버린다.

열하나, 정직이 건강이다. 하늘을 우러러 한 점 부끄럼이 없어야 마음이 편하다. 정직해야 성공하고 정직해야 건강하다.

열둘, 감동에 취하라. 잔잔한 감동이건 벅찬 감동이건, 그런 순간 우리 뇌는 신선한 활력을 느낀다. 긍정적인 무드로 넘쳐난다. 걱정도 없고, 배고픈 줄도 모른다. 문화를 즐기는 엘리트층이 날씬한 이유다.

열셋, 내게도 선물을 준비하라. 나를 칭찬하고 선물도 준비해 둔다. 그 기대와 생각만으로 즐겁다. 이런 도파민 도취라면 인생은 즐겁고 살맛 나는 세상이 된다.

열넷, 봉사하라. 인간 뇌에는 거울신경(Mirror Neuron)이 있다. 내가 베푼 선행에 기뻐하는 얼굴을 봄으로써 나도 함께 기뻐진다. 이게 공감이요 세로토닌이다.

열다섯, 기분 좋게 오감을 자극하라. 부교감 활성으로 세로토닌이 분비, 아늑하고 행복한 기분에 젖어든다.

끝으로 김 사장족에게 하고 싶은 충고 한마디.

"과음 마라, 과속 마라, 과성공 마라."

226

7장

품격을 높여라
당신의 성공이
빛나도록

Part 7

이 책을 마무리하며

현재 다른 경제 대국에선 어떻게 이 과열된 사회를 풀어가고 있는
지, 대안은 무엇인지도 살펴보고자 한다. 더불어 한국 사회에 맞
는 새로운 모델을 모색해 보려 한다. 개인을 넘어 한 차원 높은 격
조 있는 사회, 더 나아가 세계를 품에 안는 넓은 시야가 있어야 함
을 제기하고자 한다.

지금까지 우리는 시장경제 자본주의 논리에 의해 움직여 왔다.
원하는 목표를 이루어 왔다. 그러곤 더 높이, 더 멀리 달리고 달렸

다. 저만치 격차사회라는 끔찍한 함정이 기다리고 있었지만 일단 달렸다. 그러나 이젠 한번 자신을 정비하고 가야 한다. '지속 가능한 자기 경영'은 품격 있는 삶에서 시작하고, 그러한 개인이 모여 품격 있는 사회를 이룩하게 된다.

'잘산다'는 말을
재정의하다

2009년 영국 신경제학재단(NEF, the New Economic Foundation)은 세계 143개국을 대상으로 국가별 행복지수를 산출해 발표했다. 뜻밖에도 1위는 중남미의 코스타리카. 1인당 GNP 6천5백 달러로 우리의 1960년대를 연상시키는 낡은 도로와 건물들이 즐비한 곳이다. 그런데도 돈 싸들고 코스타리카로 이민 온 미국인 은퇴자가 10만 명이다.

앞에서도 이야기한 히말라야 산자락에 있는 부탄. 1인당 국민소득이 1천2백 달러인 가난한 나라. 하지만 국민 행복도 조사에서 항상 상위에 오른다. 가난하지만 행복한 나라들. 우리는 개인이나 나라가 돈이 많아야 행복하다고 생각한다. 부와 행복이 비례할 거라 믿는다. 그래서 지금까지 잘살아 보자는 목표 하나만을 바라보고 달려 왔다. 한 일간지 보도에 의하면 우리나라 사람들은 돈만 있으면 행복하다고 답변한 사람이 82.6퍼센트. 잘살게만 된다면 당연히 행복해질 거라 믿고 있다. 과연 그럴까? 우리보다 잘사는 선진국민은 모두 행복할까?

세계에서 가장 부유한 나라 미국. 세계 총생산량의 30퍼센트를 차지하고 있는 미국의 2010년 1인당 GNP는 4만5845달러로 우리의 두 배도 더 된다. 미국은 풍요의 대명사다. 미국 가정의 3분의 1이 3대 이상의 차를 보유하고 있으며, 크고 좋은 집에서 살고 있다. 식료품, 생활용품의 가격도 싸고 풍성하다. 객관적 자료들만 보면 미국은 세계에서 가장 행복한 나라 중 하나여야 한다. 그러나 실제 조사 결과는 의외다.

신경제학재단의 국가별 행복지수에서는 세계 143개국 중 114위. 세계 주요 30개국의 행복지수를 조사한 OECD의 세계 행복지 수에서도 20위로 하위권이다.

미국의 1인당 국민소득과 행복지수의 변화에 대한 연구 결과를 살펴보자. 1945년부터 1991년까지 45년 동안 미국인의 실질 소득은 2.5배 증가했지만 행복지수는 오히려 하락했다. 경제적으로는 훨씬 잘살게 되었지만, 행복 면에서는 45년 전보다 못하다는 얘기가 된다. 여론조사에서도 국민의 절반 이상이 자신들의 부모가 자라던 시절보다 세상이 나빠졌다고 응답했다. 다음은 2007년 노벨 평화상을 받은 앨 고어 전 미국 부통령이 한 말이다.

"물질적 풍요가 역사상 최고에 이르렀지만 인생의 허무함을 느끼는 사람의 수 역시 최고에 이르렀다."

미국과 일본의 1인당 국민소득과 행복지수의 변화 (Frey&Stulzer 1945~1991)

1인당 국민소득이 정상급인 일본은 어떨까? 1958년부터 1991년 사이 1인당 실질 소득은 6배가 늘었다. 그러나 행복지수는 거의 수평을 이루고 있다. 소득은 급상승했지만, 행복지수는 높아지지 않았다. 국가별 행복지수 조사에서도 일본 역시 하위권에 머물러 있다.

최근 폭풍 같은 경제성장이 진행 중인 중국. 2000년 1조 달러에 불과하던 중국의 GDP는 10년 만에 5조4000억 달러로 경제대국 일본을 제치고 세계 2위를 차지했다. 10년 뒤인 2020년에는 미국을 앞지를 것이라고 전문가들은 예상한다. 엄청난 속도로 경제성장을 이룬 중국의 국민은 그만큼 행복해졌을까?

네덜란드 에라스무스대학은 중국 국민의 행복감에 대해 세 차례 조사했다. 1990년 국민 행복지수는 6.64(1에서 10까지 기준), 1995년에는 7.08로 상승했었으나 2001년 조사에서는 6.60으로 하락했다. 2009년 12월 미국 미시간대학교 사회연구소가 발표한 행복지수 조사에서는 중국인의 행복도가 계속 하락세를 보이고 있으며 10년 전보다도 낮게 나왔다고 한다. 또한 미국 '갤럽 세계 여론조사'가 2005~2009년 사이 155개 국가 및 지역의 수천 명을 대상으로 한 '행복 순위' 조사 결과에서도 중국 대륙은 125위, 홍콩은 81위에 그쳤다.

미국 미시간 대학의 로날드 잉글하트 교수는 잘라 말한다. 경제성장이 행복과 비례하지 않는다고.

"사람들은 재산이 많으면 많을수록 만족하다고 믿었다. 복지수준이 향상하면 대중의 만족 수준도 향상한다고 가정하는 것이 합리적이라고 생각되어 왔다. 그런데 1960년대 후반이 되자 무엇인가가 잘못되어 있다는 것이 명백해졌다. 복지 경제의 전통적 원리는 훌륭히 기능하지 않는 것 같았다. 1957년부터 1973년 사이에 미국 국민의 실질 소득은 현저하게 향상했지만, 그들이 보고하

233

는 행복 수준은 실제로 약간이긴 하지만 하락했다. 모든 객관적인 자료를 측정한 결과, 구미 여러 국민이 이렇게 많은 물질적 복지의 은혜를 받았던 적은 없었다. 그러나 동시에 1930년 이래 이렇게 확연하게 불만이 나타났던 적도 없었다."

▌ 당신은 진짜 '잘' 살고 있는가?

만약 부와 행복이 비례한다면 미국이나 일본 같은 부유한 나라는 행복한 사람들이 넘쳐나야 하고, 코스타리카나 부탄 같은 가난한 나라는 불행한 사람들로 가득해야 한다. 그러나 현실은 다르다. 오히려 반대다.

우리도 별반 다를 것이 없다. 우린 오랫동안 풍요의 환상에 빠져 있었다. '부자나라 국민이 가난한 나라 국민보다 행복하다. 같은 나라에도 부자가 가난한 사람보다 행복하다. 사람은 부자가 될수록 행복하다.'

그러나 1999년 영국 〈뉴사이언티스트〉가 79개국 사람에게 '당신은 얼마나 행복하냐?'고 물었더니 뜻밖의 결과가 나왔다. 굶주림에 허덕일 것 같던 아프리카 나이지리아가 1위, 멕시코와 베네수엘라가 2·3위였다. 많은 경제 전문가들은 경제가 인간을 불행하게 만들고, 진정한 의미의 풍요를 막고 있다고 말한다.

순위	국가	HPI지수
1	코스타리카	76.1
2	도미니카공화국	71.8
3	자메이카	70.1
4	과테말라	68.4
5	베트남	66.5
⋮		
20	중국	57.1
⋮		
68	한국	44.4
⋮		
74	영국	43.3
75	일본	43.3
⋮		
114	미국	30.7

한 나라의 부를 판단하는 GNP를 예로 들어 보자. GNP의 상승은 곧 부의 상승이며 행복의 상승으로 여겨져 왔다. 그러나 GNP 속에는 범죄, 형무소 유지비용, 쓰레기 처리 비용, 이혼 소송 비용, 숲 벌채 비용 등도 포함된다. 심지어 전쟁도 GNP를 상승시키는 중요 요인이다. 결국 GNP 속에는 선과 악, 행복과 불행이 모두 포함되어 있다. 이제 부의 축적이 곧 행복이라는 환상을 깰 수밖에 없을 것 같다. 확실한 건 잘산다는 의미가 달라졌다는 사실이다. 무엇이 진정한 행복이며, 잘사는 방법인지 고민할 때다.

가난했던 시절의 '잘살아 보세' 구호는 이제 그 의미가 달라져야 한다. 굶주림을 면하기 위한 구호가 이젠 아니다. 보다 인간답게 삶의 질을 생각하는 의미의 '잘살아 보세'다.

필자가 존경하는 존 로빈스(John Robbins)의 이야기를 빼놓을 수 없다. 세계 최대 아이스크림 기업 '배스킨라빈스(Baskin & Robbins)'의 창업자이자 아버지인 어바인 로빈스의 상속자였다. 하지만 건강을 해치는 아이스크림 장사는 할 수 없다며 22세 되던 해에 상속을 포기하고 아내와 함께 캐나다 외딴 곳에서 농사를 짓고 산다.

그에겐 작은 오두막이 더 좋았다. 언젠가 그는 옛날 자기 집에 있는 텔레비전 개수를 세어 본 적이 있었다. 30대까지 세다가 그만두었다고 한다. '이 넓은 집의 어느 방에서 내가 죽은들 누가 찾을 수 있기나 할까. 날로 바빠지는 아버지는 그림자도 볼 수 없고.' 그가 집을 나서기로 결심한 데는 이런 인간적인 고뇌가 깔려 있다. 어디서나 가족과 대화가 가능하고 도움이 필요하면 즉각 달려갈 수 있는 작은 집이 더 좋았다. 집이 클수록 아버지는 돈 벌기 위해 더 바빠지고 엄마는 쇼핑하느라 정신이 없다. 남들이 보기와는 달리 특히 아이들 생활이 비참할 수밖에.

그의 아이를 미국 학교에 보내기 위해 돌아온 그는 자신의 경험을 책으로 출간했다. 당시의 경험을 그는 이렇게 기술한다.

"돈은 맥주와 같아서 목마를 때 처음 한두 잔은 그렇게 시원하고 맛이 좋을 수 없다. 하지만 점점 더 마실수록 처음의 그 맛이 아니다. 그뿐인가. 나중엔 엄청난 사고를 칠 수도 있고, 건강에 문제가 생길 수도 있다."

기본적인 욕구가 채워진다면 돈의 의미는 사람마다 달라진다. 그리고 많은 학자들의 한결같은 주장은 돈이 행복을 가져다 주진 않는다는 것이다. 실제로 행복도를 측정하면 미국 부자와 아프리카 마사이족이 같다. 2002년 노벨 경제학 수상자인 대니얼 카너먼은 "소득이 높으면 행복감도 높으리라는 생각은 과장된 허상"이라고 결론을 내렸다. GNP와 GDP를 성공의 기준으로 활용하는 건 숲을 포크로 먹는 것과 같다. 이건 근본부터 잘못된 방식으로 경제활동을 측정하는 것이다.

백화점에선 "누가 돈으로 행복을 살 수 없다 했는가?" 하며 목소리를 높인다. 이런 소리에 현혹되지만 않는다면 그것만으로 당신은 부자다. 기억하라. 문명화된 나라의 구성원은 시민이라 부르지만 이제 우리는 소비자로 불리고 있지 않는가.

GDP 대신 우리가 잘살고 있는지를 판단하는 기준의 대안은 무엇인가? 많은 연구와 대안 중 몇 가지만 소개한다. 다음은 존 로빈스의 최근 저서 『존 로빈스의 인생혁명』에서 요약한 것이다. 이름만 봐도 무엇을 기준으로 삼는지 알 수 있다.

▎유엔 인간개발지수(HDI, Human Development Index 평균수명, 건강, 교육 등)
▎살아 있는 지구 지수(LPI, Living Planet Index 자연보호, 환경 단체의 활동 등)

- 삶의 질 지수(QOLI: Quality of Life Index 즐거움 지수, 복지 지수)
- 국가 복지 평가
- 건강한 진보지수
- 행복한 지구지수(HPI, Happy Planet Index)
- 진정한 부 측정

『돈 걱정 없이 행복하게 꿈을 이루는 법』의 저자 린 트위스트는 처음으로 기아추방단체에 기부한 후 그 소감을 이렇게 말했다.

"내 자아와 영혼 깊은 곳에 변화가 일어나 삶과 돈의 문제를 새롭게 인식하게 되었다. 진정 부유함을 경험하게 되었다."

'어플루엔자(Affluenza)'라는 말을 들어봤는가. 부(Affluence)와 유행성감기(Influenza)의 합성어다. 소비가 많을수록 풍요로워질수록, 벌고 쓰는 데 더 바빠지고 더 추구한다는 현대인의 심리를 가리키는 말이다. 이 소비 중독 바이러스에 걸리면 자칫 빚과 불안에 쫓기는 것은 물론, 스트레스를 받고 과로하며 끝내는 채워지지 않는 공허에 시달린다.

다양한 삶, 다양한 품격

우린 언제나 정상지향이다. 최고라야 한다. 우리의 끝없는 상

238

향성이 한국 발전의 원동력이 된 것도 사실이다. 문제는 누구나 다 100점을 받을 순 없다는 사실이다. 100점 고지를 향해 꾸준히 노력은 해야겠지만 못 받았다고 내 인생이 실패작은 아니다. 10점짜리도 있고, 40점, 60점도 있다. 그게 인생이다. 그리고 중요한 건 그게 끝이 아니란 사실이다. 먼 인생 여정 길, 잠시의 한 과정일 뿐이다.

우리 한국 사회는 선택하는 행동이 무엇이든지 참가자의 이득과 손실의 총합이 제로가 되는 '제로섬 게임(zero sum game)'이다. 모아니면 도, 이판사판이지 중간이 없다. 극단적이다. 우리 사회 중산층이 증발한 데는 이런 한국인의 극단 심리가 작용하고 있다. 상류층이 아니면 바닥인생이란 생각을 한다.

하지만 삶은 다양하다. 더구나 이런 다양한 사회에 획일적 가치관으로 살려니깐 좌절도 불만도 생긴다. 모두가 제 선 자리에서 최선을 다해 보람찬 삶을 살면 그로서 훌륭한 인생이다.

삶이 여러 가지이듯 품격에도 다양성이 있다. 선생은 선생으로서, 경찰은 경찰로서의 품격이 따로 있다. 행상은 행상으로서, 의사는 또 의사로서의 품격이 있다. 자기가 선 자리에서 최선을 다한 삶을 살 때 품격 있는 아름다운 삶이 된다. 시기, 질투할 것도 없다. 삶에는 높고 낮음이 따로 없다. 그냥 서로가 다를 뿐이다. 서로 다르다는 걸 인정하고 받아들일 때 서로 존경하게 되고 아름다운 품격이 생겨나는 것이다. 품격은 자신의 삶에 대한 존중감과 함께 다른 사람에 대한 존중감에서 비롯된다.

돈만의 획일적 가치관에서 벗어나자. 물론 돈은 없는 것보다 있는 것이 좋다. 많을수록 좋은 것도 인정한다. 많이 벌도록 노력하자. 단 정도(正道)를 밟아 한 걸음씩 계단을 밟아 오르자. 그리고 확실히 하자. 얼마나 버느냐가 아니라 어떻게 버느냐. 목표가 아니고 과정이다. 앞에서 여러 번 지적했지만 다시 한번 되새기자. 얼렁뚱땅 단칼에 할 생각은 말자. 차분히 가자. 그게 품격을 지키는 길이다.

우리 사회도 이젠 안정권에 들어섰다. 지난날처럼 하루아침에 벼락부자가 되는 그런 시대가 아니다. 물론 지금도 그런 행운아가 없진 않다. IT 분야도 그렇고, 연예, 스포츠 분야를 봐도 그렇다. 10대에 이미 세계적 스타가 탄생하는 세상이다. 차근히 준비하면 그런 행운이 내게 없으란 법도 없다. 한번 노크해 보는 거다.

단 자신이 선 자리를 잘 파악해야 한다. 졸저『공부하는 독종이 살아남는다』에는 어떻게 하면 내 속에 잠재된 강점지능을 찾을 수 있을 것인지에 대한 얘기가 나온다. 한번 훑어보기 바란다. 그리고 스스로 잘 생각해 보라. 그 길이 아니다 싶으면 허황된 꿈은 접어라. 그리고 주어진 삶에 충실하자. 삶은 다양하다. 그게 다양한 사회에서 품격을 높이는 길이다.

이제 그 치열함에서
벗어나라

산업사회가 틀을 잡아갈 무렵, 필자는 운 좋게 미국 유학길에 올랐다. 모든 게 합리적이고 논리적인 미국 사회가 내겐 참 마음에 들었다. 한국적인 정서에 젖은 나로선 처음 얼마는 당황스럽기도 했지만 빨리 적응이 되어 나중엔 그런 논리적인 사회가 아주 마음에 들었다.

문제는 귀국 후. 내겐 또 한 번의 문화 충격이 찾아왔다. 논리 일변도만으로는 안 된다는 사실을 깨닫게 된 것이다. 한국엔 한국적인 정서, 한국적인 틀이 따로 있기 때문이다.

지금도 온 지구촌을 휩쓸고 있는 소위 시장경제 논리도 논리만으로는 풀리지 않는 수많은 난제가 가로막고 있다. 환경 파괴, 가정 붕괴, 교육 붕괴, 범죄 증가, 테러, 마약, 심각한 양극화…. 서구적 논리와 합리성만으로는 설명도 해결도 될 수 없다. 이게 서구적 논리와 근대적 합리정신의 파탄이라는 성급한 결론도 나오고 있다.

논리만으로는 안 된다는 사실을 외면할 수 없게 된 것이다. 하지만 모든 논리에는 왜 그게 성립될 수 있는지에 대한 확실한 근거가 있다. 심지어 제국주의, 식민주의에도 엄연히 논리가 있다. 못사는 나라의 미개인을 우수한 민족이 통치, 잘 다스려야 한다는 논리다. 마치 은혜를 베푸는 시혜자의 논리요, 이게 문명국의 신성한 의무라는 논리가 바탕에 깔렸다. 사회주의, 공산주의는 또 얼마나 아름다운 논리인가? 지금 지구촌을 풍미하고 있는 경쟁 사회, 실력주의, 자본주의, 시장경제는 모두 다 그럴듯한 논리로 무장되어 있다.

문제는 너무 여기에 철저하다 보면 직장 동료는 모두 라이벌이 되고, 선배는 신입사원을 가르치려 들지 않게 된다. 왜? 내 자리가 불안해지기 때문이다. 이런 살벌한 경쟁 풍토에선 모두가 불안하다. 서로가 서로를 감시하고 심지어 피해망상까지 생겨난다. 언제 쫓겨날지 모른다. 전전긍긍이다. 아름다운 논리 뒤엔 이렇게 무서운 복병이 숨어 있는 것이다.

242

공산주의는 종막을 내리고 자본주의 승리도 이제 환상이라는 사실이 차츰 드러나고 있다. 헤지펀드라는 괴물이 한탕 치고 빠지면 작은 경제 규모의 나라는 아주 곤두박질을 친다. 미국 월가의 천재적인 금융 사기꾼들의 농간이 온 지구촌 경제를 송두리째 흔들어 버린다. 이건 또 온다. 쓰나미처럼 또 닥칠 것이다. 이게 국제 금융시장 논리의 흑막이다. 자본주의 상징 미국도 몸살을 앓고 있다. 약육강식, 무한경쟁으로 점점 빈부격차가 심화되어 미국의 상위 1퍼센트 사람들이 국부의 절반을 차지하기에 이르렀다.

이런 사회가 과연 건전할까? 오늘의 미국 사회를 보면 대답은 명확하다. 사회가 한쪽으로 기울어 있으니 사람들 마음이 안정될 수 없다. 온갖 이름의 카운슬러가 골목마다 성업 중이다. 변호사는 또 얼마나 많은가? 앰뷸런스를 따라오는 변호사까지 생겨나고 있다.

시장경제 논리는 어디까지 갈 것인가. 이대로도 좋은 건지, 대안은 없는지. 전문가들은 또 새로운 논리를 연구 개발하고 있을 것이다.

우리가 익숙한 품격의 모델, 선비

9대에 걸쳐 만석꾼이었던 경주 최 부자 집안의 전설 같은 이야기를 우리는 잘 알고 있다. 철저한 근검절약 정신, 1백 리 안에 굶주리는 사람이 없게 하라는 아름다운 나눔 정신, 흉년에 논을 사지 말라는 최씨 가문의 가훈은 정의롭기까지 하다. 흉년이 들면 농민들은 당장 배고파 논을 헐값에라도 팔아야 한다. 그런 아픈 약점을 노려 돈을 번다는 건 도의상 용납이 안 된다는 논리다.

이런 최 부자를 누가 미워하고 시기하랴. 모두 인심 좋은 최 부자를 존경했다. 이게 9대 만석꾼으로 지낼 수 있었던 비결이다.

244

세월이 바뀌고 정치 체제가 바뀌면서 최 부잣집 가세도 옛날 같지 않다. 하지만 후손들 역시 명문가의 후손답게 남은 재산을 몽땅 대학에 기부했다. 참으로 품격 있는 처신이다.

한국의 어느 고을에도 이런 아름다운 전통의 가문 이야기가 자랑스레 남아 있다. 이곳저곳을 돌아다니다 보면 이런 가문이 수없이 많다는 데 놀라게 된다. 알려진 서원이나 서당, 제실이 아니라도 그곳 사람들로부터 대대로 존경받아온 가문이 정말 많다. 흉년이 들면 곳간을 열고 함께 허리띠를 졸라맨 아름다운 부자 이야기가 전설처럼 남아 있다.

이런 가문을 뭐라 불러야 할까?

선비, 양반이란 이름이 떠오른다. 학식과 덕망을 고루 갖춘 인격자. 기품이 살아 있고, 격조 높은 위풍당당한 인물. 한마디로 품격 있는 사람이다.

어렵고 가난한 시절에도 이런 품격 있는 가문의 나눔 정신이 살아 있어 그 힘든 고비를 넘길 수 있었을 것이다. 그때도 양반과 상민을 구분하는 반상제도(班常制度)를 비롯하여, 빈부에서 엄청난 격차 사회였다. 그 격차를 선비정신으로 잘 메운 것이다.

서구의 청교도 윤리나 선비정신은 그 본질에서 다를 바 없다. 왜냐하면 그게 인간의 기본이요 바탕이기 때문이다. 다른 게 있다면 청빈(淸貧)과 청부(淸富)의 차이는 있을지 모르겠다. 우리 선비는 맑은 가난을 숭상했지만 서구는 청부, 많이 벌되 맑게 번다.

245

▌새롭게 조명되어야 할 선비정신

물질적 만족보다 정신적 충실함을 추구하는 사람. 사회적 지위보다 내면적 성장을 중시하는 사람. 학식이 있고, 행동과 예절이 바르며 의리와 원칙을 지키는 고결한 인품을 지닌 사람. 선비.

선비정신을 전근대적 사상으로 가벼이 보지 말자. 선비정신이야말로 우리가 본받고 되살려야 할 고유의 정신문화다. 뇌과학적 설명을 곁들이자면, 우리 조상이야말로 가장 세로토닌적인 삶을 살았다. 자연과 어우러진 삶, 가난하지만 넉넉한 마음, 그 바탕에는 선비정신이 있었다. 선비는 안빈낙도와 청렴을 실천하며 도덕적인 모범이 되고자 애썼다. 가난을 부끄러워하지 않았으며 물질보다는 정신적인 가치를 높이기 위해 노력했다. 청빈을 사랑한 맑은 영혼의 소유자다.

서구에 신사도, 일본에 사무라이정신이 있다면 우리에겐 선비정신이 있다. 선비정신은 유교의 도덕규범인 인, 의, 예, 지, 신의 기본 윤리와 청렴, 절개를 바탕으로 한다. 선비정신에는 풍성한 도덕성과 인류애가 담겨 있다. 선비정신의 바탕엔 '널리 인간을 이롭게 하라'는 단군의 홍익인간(弘益人間) 정신이 깔렸기 때문이다. 홍익인간 정신은 고구려의 조의도(皂衣道), 백제의 수사도(修士道), 신라의 화랑도(花郎道), 고려의 풍류도(風流道)를 거쳐 조선의 선비사상으

246

로 발전해 왔다. 반만 년이 흘렀지만 한국인의 정체성에는 변함없이 '인간됨'이라는 선비사상이 그대로 남아 있다.

우리의 정신적 뿌리인 선비정신을 되살릴 수 있다면 지금보다 정신적으로 풍요로운 삶을 살 수 있지 않을까? 우리는 특히 지난 반세기 무한 경쟁 속에서 오직 앞만 바라보며 달려왔다. 근대화와 산업화를 향한 압축 성장은 물질적인 풍요를 가져왔지만, 적지 않은 정신적 부작용을 불러왔다. 자연과 전통이 파괴되고, 가족이 해체되었다. 그 결과 만성적인 스트레스와 불안에 시달리며 물질적으로는 풍요롭지만 정신적으로는 황폐한 시대를 살아가고 있다. 자연을 사랑하며, 정신적 가치를 중요하게 여겼던 선비정신. 한국을 넘어 지구촌의 생명과 자연을 보호하고, 모두가 하나 되는 세계를 만들어 나가기 위한 인류 보편적 가치다.

우리는 이 고매한 선비정신을 오늘에 되살려야 한다. 현대 사회에서 조선시대의 선비처럼 자연과 학문을 벗하며 유유자적 살 수는 없겠지만, 그 정신만큼은 되새길 만하다. 선비라 하니 학식이 높고 계급적 뉘앙스가 커서 현대 민주사회에 맞지 않는다. 해서 이 책에서는 이들의 정신을 통틀어 품격이란 표현을 한 것이다. 선비. 곧 품격 있는 사람은 훌륭한 인품과 격조 높은 사람이다. 품격이 격차사회의 골을 메우고 어지러운 세상을 바로잡는 모델이 될 수 있을 거라는 생각에서다.

중산층이 제일 먼저
회복되어야 한다

세계 10위권의 경제 대국 한국도 예외일 순 없다. 당장 격차사회의 폐해만으로도 심각하다. 무한경쟁. 시장 논리에 밀려 나라의 버팀목인 중산층이 무너지고 있다. 사람들은 모두 불안에 떨고 있다. 저출산 고령화, 조기 은퇴, 노후불안, 현실적 문제들이 우리 앞을 가로막고 있다.

답답하다. 하지만 도도히 흐르는 시장경제 논리를 외면할 수도 없는 게 한국의 위상이다.

경제 논리에 따르면서 함께 잘살 수 있는 대안은 없을까? 최소

한 국민의 70퍼센트가 중산층이라는 자부심을 다시금 느끼게 하는 방법은 없을까?

시장 논리의 산실 서구사회는 어떻게 이 난제를 풀어가고 있을까? 우선 서구의 경제 체제 뒤에는 청교도 윤리가 버티고 있다.

'많이 벌어, 많이 모아, 많이 베푼다.'

이게 청교도의 경제 철학이다. 그들에게 일은 하늘이 준 소명이다. 당연히 열심히 일해야 하고, 일하면 보수가 따라온다. 그러면 근검절약으로 많이 모아 이웃을 위해 아낌없이 베푼다.

이 기능이 그런대로 작동하고 있는 게 구미 사회다. 잘 버는 자는 솔선수범과 노블레스 오블리주 정신을 발휘, 힘닿는 데까지 불우이웃을 돕는다. 물론 이런 과정에 빈부의 격차가 생긴다. 그래도 서구 사회는 돈 버는 과정이 투명하고 공정하다.

해서 서구인들은 부자를 욕하거나 미워하지 않는다. 오히려 존경한다. 존경받는 부자가 되는 능력을 배우려 하고 따르려 한다. 그리고 그들은 자기 분수를 알고 분수대로 살아간다. 부자가 호화 주택에 산다고 배 아파하거나 시기 질투하지 않는다. 부자니까 당연히 그럴 권리가 있다고 생각한다.

이런 청교도 윤리도 잘 작동만 한다면 그런대로 자본주의, 시장 경제 논리의 문제점은 보완될 것이다. 문제는 오늘의 서구 사회가 이상대로 잘되어 가는 것 같지 않다는 것. 하지만 그 정신만큼은 우리도 본받아야 한다.

▋ 가슴으로 충분히 행복함을 누리자

최근 서구사회에 눈여겨봐야 할 또 다른 흐름이 있다. 경제성장이 더 이상 행복을 보장하지는 않는다. 그래서 성장을 통한 행복이 아닌 새로운 행복의 가능성을 찾아가는 사람들이 늘어나고 있다. 그중 대표적인 조류가 '문화 창조자들(Cultural Creatives)', 줄여서 'CC'라 불리는 사람들이다. CC는 성장을 중요시하는 근대주의와도 다르고, 그렇다고 전통적 가치의 부활을 꿈꾸는 전통주의와도 다르다. 새로운 의식과 가치관, 행동 패턴을 가진 제3의 조류다.

CC의 수는 매년 증가하여 현재 미국 성인 인구의 약 3분의 1에 해당하는 5000만 명 이상이 이 부류로 추정되고 있다는 게 〈포브스 (Forbes)〉의 조사 보고다. CC는 각자의 가치관이나 삶의 방식을 바꾸고자 하는 문화운동에 가깝다. CC의 특징을 정리해 보자면 다음과 같다.

- 책과 라디오를 가까이한다.
- 예술이나 문화 활동에 적극적이다.
- 전체 지향적이다. 하나의 상품을 살 때도 그 제조, 유통, 처리까지 관심을 둔다.
- 정품(正品)을 지향한다. 일회용품, 플라스틱제품, 모조품 등을

거부한다.

- 충동구매를 하지 않고, 신중하게 소비한다.
- 첨단 기술보다는 새로운 문화에 관심이 많다.
- 유기농, 건강식, 자연식 등에 관심이 많다.
- 자신이 살 집과 지역을 중요하게 생각한다. 화려한 집보다는 한적한 집을 좋아한다.
- 도시보다는 자연친화적인 환경을 선호한다.
- 거주지를 자신들의 거점, 은신처로 생각한다. 집안에 일터를 마련하는 사람이 많다.
- 자신의 취향에 맞는 인테리어를 고집한다.
- 안전하고 연비가 좋은 차나, 친환경적인 차를 선호한다.
- 휴가와 여행을 좋아하고, 모험심이 강하다.
- 자신의 삶에 활기를 주는 체험을 좋아한다. 세미나, 명상, 기도회 등을 즐겨 찾는다.
- 대체의료, 보완의료를 중요하게 생각하며 병의 치료보다 예방에 관심을 보인다.

이상이 CC의 취향과 라이프스타일 15가지를 요약한 것이다. 정리해 보자면 CC적인 가치관이란 사회적 지위보다는 자신의 내면적 성장과 자기실현을 더 중요하게 여긴다. 돈과 시간 중

251

어느 쪽이 중요하냐고 묻는다면 당연히 시간을 선택한다.

물질적 만족보다 정신적 충실감과 경험을 중시하며 방관자로 있기보다는 참여자가 되기를 원한다. 창조하고 배우고 체험하는 것을 즐기며, 환경문제나 커뮤니티에 강한 관심을 가진다. 거꾸로 쾌락주의, 경제성장 지상주의, 빈부 격차, 폭력, 생태계 파괴 등에 위화감과 혐오감을 느낀다.

이들은 자기 스스로의 삶에 충실할 뿐 단체를 만들어 깃발을 흔들진 않는다. 해서 얼른 눈에 띄진 않는다. 하지만 이런 기류는 조용히 확산되고 있다.

그들은 풍요가 행복으로 이어지는 길이 아니라는 사실을 알고 있다. 그 때문에 전혀 다른 새로운 길을 걷고 있다. 우리 사회도 이런 흐름이 쉽게 감지되고 있다. 아직은 대세가 아니어서 크게 부각되진 않지만 이런 기류는 조용히 움트고 있다. 여러 가지 형태의 실험적 삶의 양식은 신문, 잡지, 방송 등 여러 매체에서 심심찮게 소개되고 있다. 하나의 대안으로 심도 있는 담론이 있어야 할 것 같다.

품격 높은 개인이
위대한 세상을 만든다

생각해보면 우린 참 운이 좋았다. 국운이 좋았다고밖에 할 말이 없을 것 같다. 그 수난 속에 5천 년의 역사가 이어져 온 것만도 기적이다. 수많은 시련도 우리를 더 강하게 만든 좋은 자극제가 되었다. 열강의 싸움터가 된 반도적 운명도 우리에겐 폭넓은 정보 교류의 장이기도 했다. 그리고 오늘의 경제 기적까지. 드디어 우리가 세계 정상에 서게 되었으니 기적이기 전에 국운이 좋았다고 할 수밖에 없다.

따지고 보면 하늘은 우리에게 참 많은 걸 주셨다. 뛰어난 머리,

끈질긴 품성, 진취적이고 도전적인 용기, 여기에 강성 체질을 만든 시련까지 주신 것이다. 이윽고 세계 제일의 기술과 경제력까지, 우린 참으로 세계인이 부러워할 많은 걸 고루 갖추었다.

이제 남은 건 품격 있는 문화, 품격을 갖춘 반듯한 사회를 만들고, 세계로 나가는 일이다. 이젠 우리가 세계를 품어 나가야 한다. 그간 우린 너무 서구 중심 사상에 세뇌되다시피 빠져 있었다.

필자도 평생 그런 교육을 받아왔다. 서구 학자가 말하는 게 곧 진리였다. 의학 분야만 해도 그렇다. 서양의학만이 본류고 한의학과 중국, 인도 등 다른 지역의 모든 의학은 대체의학 아류로 폄하되고 있다. 인류 복지 향상에 서양의학이 끼친 공헌은 엄청나다. 이를 부인하려는 건 아니다. 다만 그것만이 의학의 전부는 아니라는 사실이다. 최근엔 한의학도 세계 의학계에서 주목받기 시작했고, 홍천 선마을에서 필자가 펼치고 있는 자연의학도 현대의학에 큰 파장을 일으키고 있는 분야다.

이제 경제 분야에선 '서울학파(學派)'도 생김 직하다. 압축성장의 현장이 고스란히 남아 있는 나라. 세계 어느 석학의 이론도 오늘의 한국을 설명하기엔 역부족. 지구상에 일찍이 없었던 일, 불가능에 가까운 일을 우리가 해낸 것이다. 기존의 어떤 경제 이론으로 이를 설명할 것인가? 새로운 한국형 모델의 이론 정립이 지금쯤 되어야 할 것 같다. 전문가들의 의견은 어떨지 궁금하다.

물론 경제 분야만은 아닐 것이다. 우리의 경제 발전이 특히 놀라웠으니 하는 소리지, 경제만 동떨어져 발전하는 건 아닐 것이다. 사회 시스템, 문화 전반이 함께 성장하지 않으면 안 될 일이다. 세계가 주목하는 한강의 기적. 이제 그 학술적 논거들을 정리해볼 시점에 왔다.

우리가 해야 할 중요한 일이 또 있다. 개발에 광분한 서구 사회에 우리 조상의 슬기를 가르쳐야 한다. 바로 자연에의 깊은 외경심이다. 애니미즘(Animism)이니, 혼합주의(Syncretism)이니 하고 서구 학자들이 폄하해온 우리 조상의 슬기를 일깨워 줘야 한다.

개발 붐으로 자연 파괴가 전 지구적으로 진행되고 있다. 드디어 지구가 인간과의 공생을 포기, 반발하기 시작했다. 최근의 기상 이변은 이변이 아니다. 지구온난화가 이렇게 진행되고 있는데 기상이 예전과 같다면 그게 정녕 이변이다.

그리고 지구촌을 넓게 보라. 우리가 해야 할 일이 너무 많다. 아프리카의 빈곤도 외면할 수 없는, 외면해선 안 되는 난제의 하나다. 세계 열강이 아프리카 대륙에 선을 그어 갈라놓아 민족 분쟁, 기아와의 전쟁이 벌어지고 있는데도 책임지는 나라 하나 없다. 우리가 나서야 한다. 잊지 마라. 하늘은 우리에게 많은 걸 주셨다. 지식, 기술, 돈, 그리고 너그러운 마음씨까지. 이젠 우리가 세계를 품고 나가야 한다. 우린 이 사실을 직시해야 한다.

최근에 고(故) 이태석 신부의 영상 〈울지마, 톤즈〉가 지성인의 양식에 불을 지폈다. 1백만에 가까운 사람이 이 다큐 영화를 보고 함께 울고, 이 신부의 고결한 유지를 받들자며 모여들고 있다. 우리 태평로 모임의 일원인 김수지 서울사이버대학교 총장도 아프리카 말라위로 봉사활동을 떠났다. 두 손 모아 존경의 염을 담아 무운을 빈다.

한국의 지식인은 이미 움직이고 있다. 개인, 단체 할 것 없이 우리를 필요로 하는 곳이면 수많은 사람이 어디든 간다. 한국의 품격은 점점 제 모습을 찾아가고 있다. 한국의 국격이 세계인을 감동시키고, 세계가 우러러보게 될 날도 머지않았다.

품격의 부활을 위해

우리나라는 주변 정세의 변환기마다 굴욕적인 항복과 예속의 역사가 반복됐습니다. 그때마다 드높던 우리의 진취적 기상과 품격은 진흙 바닥으로 곤두박질치고 말았죠. 전란에, 민란에 끝없는 난민의 행렬. 굶주림과 지침. 그래도 살아 움직이는 게 신기했습니다. 오직 생존만이 우리에게 주어진 운명적 숙제, 아니 난제였죠. 품격? 사치스러운 이야기일 뿐이었습니다.

1970년대 말 내 나이 서른 끝자락에야 겨우 굶주림으로부터 해방된 '감격의 시대'가 열렸습니다. 하지만 안도의 숨을 내쉰 것도 잠시. 농촌 인구가 대거 도시로 유입, 순식간에 도농 인구가 역전되었죠. 농촌에서 한가한 자연 리듬에 따라 살던 사람들이 갑자기 도시 생활에 적응하려니 엄청난 혼란이 올 수밖에. 교통질서 하나 지키지도 못했습니다.

오로지 목표를 위해, 결과를 위해 무리도 빚고 억지도 많았습니다. 인권도 뒷전, 기아탈출이라는 일차적 목표를 향해 매진 또 매진. 한국의 산업화는 생활이 아닌 오로지 생존을 위한 절박한 선택이었습니다. 품격을 따질 겨를도 없었죠. 눈부신 압축 성장을 이뤄낸 한강의 기적은 따지고 보면 농경사회의 자연인을 산업사회 기계인으로 바꾼 인간 개조의 산물이 아닌가요.

품격 사회에서 리더는 선비가 되어야 한다

자본주의 역사가 짧아서일까요. 모든 게 돈으로 귀결되는 미숙한 한국 사회의 현실입니다. 명예도 권력도 결국 돈을 추구하기 위한 도구쯤으로 전락해 버린 느낌입니다. 최근 우리 사회의 뜨거운 감자로 떠오른 전관예우란 것도 그런 범주입니다.

'부정부패', '구조적 비리', '졸부의 치졸'…. 유쾌한 이야기가 아닙니다. 도덕적 무력감 앞에 몸을 가눌 수가 없습니다. 미숙한 자본주의 사회를 원망할밖에요. 오죽하면 〈워싱턴 포스트〉가 '공정사회 깃발 한국'이라는 제목으로 엘리트 부패가 성장의 걸림돌이

258

라고 신랄하게 꼬집었을까요.

돌이켜 보면 우리에게도 '선비정신'이란 아름다운 전통이 있었거늘. 자본주의가 들어오면서 그 맑은 정신은 어디로 가고 부패의 사슬로 나라의 기본이 흔들리고 있습니다. 언제쯤 이 부패의 고리가 끊어질 것인지 가슴 조이며 지켜만 봐야 하는 국민이 가엾습니다. 시간이 걸리겠지만 한국의 엘리트 사회, 부자 사회가 점차 품격을 회복할 날도 멀지 않습니다. 우리가 그 기적의 경제를 만들어냈듯이 '품격 자본주의'도 빠른 시일에 뿌리를 내리게 될 것입니다.

품격 사회에서 신지식인의 사명

여러 분야의 전문가에게 조언을 구했지만 여기엔 다분히 내 주관적인 소회로 기술된 게 많습니다. 한국인의 원기질도 따지고 보면 긍정과 부정의 양면성을 가지고 있습니다. 나는 긍정적인 측면에 주목했습니다. 우리가 너무 오랜 세월 자존감을 상실해 고개를 숙인 탓이죠. 그러나 독자에 따라선 영 마음에 안 들 수도 있을 겁니다. 반대 의견도 있을 테죠. 너무 낙관적인 건 아닌지, 보수적이라고 말할지도 모르겠습니다. '품격을 갖추기 위해서'라는 말로 변을 달고자 합니다.

이 책을 준비하며 많은 진보논객의 이야기도 들었습니다. 내 보수적인 머리를 일깨우는 데 신선한 자극제가 된 시간이었습니다.

서로 어느 정도 공감대를 이끌어낼 수 있었습니다. '변화를 받아들일 줄 아는 보수, 나와 다른 의견도 경청할 줄 아는 진보'. 이러한 자세가 진정한 진보, 진정한 보수가 아닐까요. 그리고 이런 신구(新舊) 조화와 균형이야말로 품격 높은 사회를 만들어 가는 버팀목이 될 겁니다.

실제로 내 주변엔 진보적 성향의 젊은 학자들이 많습니다. 그들과의 대화에서 느낀 점이 있습니다. 내가 보수로 될 수밖에 없는 이유는 나이 든 노파심도 작용하겠지만 무엇보다 선진문물을 잘 몰라서입니다. 새로운 걸 모르니까 밤낮 해오던 낯익은 것에 매달릴 수밖에 없는 보수가 되는 것이죠. 모르는 걸 하려니 불안하기 때문입니다. 이 점에서 진보는 친절해야 합니다. 그것도 모르는 보수와 무슨 대화냐며 펄쩍 뛰지 말고 '새것'이 왜 좋은지, 왜 그래야 하는지, 잘 가르칠 의무가 있습니다. 물론 보수도 귀를 열고 잘 들어야겠지요.

책을 마무리하고 보니 너무 진부하고 보수적인 이야기가 된 것 같아 늘어놓은 변입니다. 품격이라는 주제부터가 영 냄새가 난다는 젊은 층도 있어서입니다.

중산층의 품격 문화를 위한 길
책을 갈무리하며 마지막으로 우리 사회의 보통 사람들에게 당부하고 싶습니다. 격차 사회가 심화되면서 중산층이 없다고들 합니다. 하지만 중산층은 건재합니다. 사회 한가운데 두텁게 존재합니다. 그동안 우리가 이만큼 발전하는 데에 결정적 역할을 했습니다. 문화도 마찬가지. 각 시대마다 트렌드를 이끌어 준 힘이었습니다. 극으로 달리는 사회의 균형을 잡아 안정시키는 건 언제나 중산층의 몫입니다. 그러느라 미처 품격을 챙길 여유도 없었던 게 사실입니다. 하지만 이젠 품격의 시대입니다. 중류층의 품격문화가 정착이 되어야 비로소 우리 한국 사회가 선진사회로 발전해 나갈 수 있습니다. 선진국으로 진입하는 마지막 단계의 갈림길, 그건 중류층의 품격에 달려 있습니다.

출간되기까지 훌륭한 가르침과 자극제가 되어 주신 분들이 많습니다. 한양대 문화인류학과 이희수 교수는 10년을 넘게 내겐 귀중한 개인 멘토입니다. 함께한 해외 문화 탐방만 벌써 25차례. 참으로 많이 배웠습니다. 이책을 집필하는 중에도 많은 교훈과 조언을 주어 공동 집필을 했대도 과언이 아닙니다. 다물민족학교 강기준 원장, 도덕론으로 나를 이끌어준 서울대 문용린 교수, 경제면의 경기대 오연석 교수, 문화면의 홍사종 교수, 미래형 도시의 하창식 회장, 첨단 건강산업의 송인수 대표, 진보논객이자 미학자 진중권 교수에게도 감사드립니다. 사색의 산실을 마련해준 선마을 윤재승 부회장 그리고 아담한 집필실을 마련해 주신 허브나라

이호순, 이두이 내외분. 내 산만한 스케줄을 절충, 시간을 내준 세로토닌문화원 가족 여러분, 특히 양선희 팀장에게 감사를 드립니다. 자료 발굴, 정리, 원고 집필에 도움을 준 유효정씨와 임효진씨의 노고도 잊을 수 없습니다.

| 참고문헌 |

굿 리더십 (테리 R 베이컨, 비전코리아, 2007)

대한민국 행복지수 (안치용, 북스코프, 2008)

돈 걱정 없이 행복하게 꿈을 이루는 법 (린 트위스트, 랜덤하우스코리아, 2005)

문명의 충돌 (새뮤얼 헌팅턴, 김영사, 1997)

새뮤얼 헌팅턴의 문화가 중요하다 (새뮤얼 헌팅턴, 김영사, 2001)

세계 속의 리얼 코리아 (백석기·김억·이화순, 이담북스, 2010)

세계가 사랑한 한국 (앨런 팀블릭 외 10명, 파이카, 2010)

앙코르 (마크 프리드먼, 프런티어, 2009)

역사에서 배우는 경영과 리더십 (강기준, 다물, 2008)

오래된 미래 (헬레나 노르베리 호지, 중앙북스, 2007)

우리는 행복한가 (이정전, 한길사, 2008)

작은 것이 아름답다 (E.F.슈마허, 문예출판사, 2002)

절망을 희망으로 바꾸는 한국인의 힘 1, 2 (이규태, 신원문화사, 2009)

존 매케인 사람의 품격 (존 매케인, 21세기북스, 2008)

중국이 미국된다 (니콜라스 크리스토프, 따뜻한손, 2005)

코리아니티 (구본형, 휴머니스트, 2007)

표현인문학 (김주연, 생각의 나무, 2000)

한국인에게 문화가 없다고? (최준식, 사계절, 2003)

한국인은 무엇으로 사는가 (탁석산, 창비, 2008)

한국인을 춤추게 하라 (최준식, 사계절, 2007)

한국인의 기원 (이홍규, 우리역사연구재단, 2010)

행복의 경제학 (쓰지 신이치, 서해문집, 2009)

호모 코레아니쿠스 (진중권, 웅진지식하우스, 2007)

Lit From Within (Victoria Moran, HarperSanFrancisco, 2001)

The New Good Life (John Robbins, Ballantine Books, 2010)

풍경

초판 1쇄 2011년 8월 22일
초판 7쇄 2011년 12월 28일

지은이 | 이시형

발행인 | 김우석
편집장 | 서영주
책임편집 | 박근혜
편집 | 주은선 배경란 조한별 임보아 박병규 한진아
마케팅 | 공태훈 김동현 신영병
홍보 | 김혜원
디자인 | 성윤희 박라엽 김영주
교정교열 | 중앙일보 어문연구소
제작 | 임정호
저작권 | 안수진

펴낸 곳 중앙북스(주) www.joongangbooks.co.kr
등록 2007년 2월 13일 제2-4561호
주소 (100-732) 서울시 중구 순화동 2-6번지
구입문의 1588-0950
내용문의 (02) 2000-6172
팩스 (02) 2000-6174

ⓒ 이시형, 2011
ISBN 978-89-278-0248-8 03320

값 13,800원

중앙SUNDAY, 이젠 당신 차례입니다.

서울과 수도권 오피니언 리더들에게 일요일 아침 배달되는 고품격 신문입니다.

저희 독자는
기업 CEO와 간부들, 대학교수와 초·중·고 교사, 작가와 예술인, 고위 공무원,
정치인, 언론인, 법조계 인사, 전문직 종사자 등 입니다.
또 사람과 미래를 생각하고 지식을 사랑하는 이들입니다.
구독층이 특화된 것도, 일요일 배달도 국내에서 유일합니다.

중앙SUNDAY는 '열린 보수'를 지향합니다.
보도 기준은 좌파냐 우파냐가 아니라 수준이 높으냐 낮으냐 일 뿐입니다.
현실을 직시하는 용기와 통찰력, 역사와 과학 중시, 종교와 예술 존중,
인문학에 대한 열정이 중앙SUNDAY의 편집 방침입니다.

수많은 오피니언 리더가 중앙SUNDAY의 열렬한 팬입니다.
이젠 당신 차례입니다.

	월 구독료	1년
선납(일시납)	–	50,000원
자동이체	5,000원	(60,000원)

ⓙ 중앙일보　중앙SUNDAY

• 구독문의 1588-3600　• 지방광역시는 월요일에 배달됩니다